众包平台中的
欺诈检测与风险预警

张文洁　徐赟　郑海超　李立婷◎著

西南财经大学出版社

中国·成都

图书在版编目(CIP)数据

众包平台中的欺诈检测与风险预警/张文洁等著.—成都:西南财经大学出版社,2023.9
ISBN 978-7-5504-5907-6

Ⅰ.①众… Ⅱ.①张… Ⅲ.①电子商务—诈骗—预警系统 Ⅳ.①F713.36

中国国家版本馆CIP数据核字(2023)第161230号

众包平台中的欺诈检测与风险预警
ZHONGBAO PINGTAIZHONG DE QIZHA JIANCE YU FENGXIAN YUJING

张文洁　徐　赟　郑海超　李立婷　著

责任编辑:林　伶
助理编辑:马安妮
责任校对:李　琼
封面设计:墨创文化
责任印制:朱曼丽

出版发行	西南财经大学出版社(四川省成都市光华村街55号)
网　　址	http://cbs.swufe.edu.cn
电子邮件	bookcj@swufe.edu.cn
邮政编码	610074
电　　话	028-87353785
照　　排	四川胜翔数码印务设计有限公司
印　　刷	成都市火炬印务有限公司
成品尺寸	170mm×240mm
印　　张	9.5
字　　数	140千字
版　　次	2023年9月第1版
印　　次	2023年9月第1次印刷
书　　号	ISBN 978-7-5504-5907-6
定　　价	58.00元

1. 版权所有,翻印必究。
2. 如有印刷、装订等差错,可向本社营销部调换。

前 言

众包竞赛是知识经济中一种开放式创新的新兴形式，扩大了企业的创意创新源，优化了社会资源配置。然而，众包发起方与工作者之间缺乏稳定性的契约模式，可能导致过度竞争和知识成果盗用等问题。目前，众包平台人工判别发起方的欺诈行为既费时又费力，而学术界对于以知识成果为驱动，而非金钱驱动的欺诈行为的研究还停留在理论层面，以往研究中的欺诈检测线索很有可能效果不佳甚至失效。同时，计算机技术在此领域的应用缺失，导致智能化自动检测发起方的欺诈行为具有挑战性。

本书系统深入地探讨了在以知识成果为导向的众包竞赛中各类线索对线上欺诈检测的价值，利用机器学习方法构建了有效的欺诈预警系统，实现了对众包竞赛项目的全程监控与风险预警。本书的重点研究内容主要分为三个部分：第一部分分析以知识成果为目标的欺诈行为，利用各种机器学习方法验证了各类型检测线索的有效性与价值；第二部分提出了一个分阶段的欺诈智能化的监控与检测框架，有效地避免了后续欺诈行为的产生以及降低了纠纷处理成本；第三部分引入社会网络分析方法，验证社会网络中的二元特征对于欺诈意图判别的有效性，并进一步提高了预警系统输入阶段的风险防范与控制能力。

本书由四位作者共同完成，分别是来自西南财经大学的张文洁、徐赟、郑海超和来自浙江财经大学的李立婷。其中，徐赟和郑海超负责本书的模型构建和书稿的修改，李立婷负责本书数据的处理和分析，张文洁负责本书的统筹和初稿的撰写。

在此，向所有支持和帮助我们完成本书的人士和机构表达最真诚的感谢。我们能够顺利完成研究和本书的撰写，首先要感谢西南财经大学金融科技国际联合实验室和四川省金融智能与金融工程重点实验室提供的资源与帮助。其次，要特别感谢提供数据的众包平台，该平台的鼎力支持是我们的研究能够如此深入和全面的重要保障。最后，要感谢我们的家人和朋友们，他们一直是我们坚实的后盾，给了我们无尽的包容和理解，让我们能够全身心地投入本书的写作中。

本书通过研究众包平台发起方的欺诈行为，提出了智能化欺诈检测方案和自动检测机制，有助于更好地构建公平完善的平台环境，实现开放式创新中的知识成果保护以及多样化创新源的保持，对众包领域的持续、健康发展具有重要意义。本书适合管理学、计算机科学以及从事众包平台管理和运营的专业人士和学生，以及对众包和开放式创新领域有兴趣的读者阅读。我们希望本书能够成为相关领域专业人士和学生的参考读物，也希望本书的研究成果能够对开放式创新实践产生积极的影响。

张文洁　徐赟　郑海超　李立婷
2023 年 4 月

目 录

1 绪论 / 1

    1.1 研究背景 / 1

    1.2 研究问题 / 5

    1.3 研究意义 / 11

        1.3.1 理论意义 / 11

        1.3.2 实践意义 / 13

    1.4 研究内容与方法 / 14

        1.4.1 研究内容 / 14

        1.4.2 研究方法 / 16

    1.5 主要创新点 / 18

2 文献综述 / 20

    2.1 开放式创新的众包模式 / 20

    2.2 线上欺诈检测 / 25

    2.3 社会网络分析 / 32

    2.4 文献评述 / 36

3 动静态环境下的语言与非语言线索在众包发起方欺诈检测中的价值探索 / 38

  3.1 研究背景 / 39

  3.2 欺诈理论概述 / 40

  3.3 研究假设 / 44

  3.4 研究方法 / 47

    3.4.1 数据与数据预处理 / 47

    3.4.2 预测模型与评估方法 / 54

  3.5 实证检验与结果 / 57

    3.5.1 描述性统计 / 57

    3.5.2 实证结果 / 59

  3.6 研究结论 / 67

  3.7 本章小结 / 69

4 基于流程视角的众包发起方欺诈防控与预警 / 71

  4.1 研究背景 / 71

  4.2 研究问题 / 75

  4.3 研究方法 / 76

  4.4 实证检验与结果 / 78

    4.4.1 描述性统计 / 78

    4.4.2 实证结果 / 80

  4.5 稳健性检验 / 84

  4.6 预警框架设计 / 86

  4.7 研究结论 / 89

  4.8 本章小结 / 91

5 基于社会网络分析的众包发起方欺诈检测 / 93

5.1 研究背景 / 94
5.2 研究问题 / 97
5.2.1 中心性 / 97
5.2.2 凝聚性 / 99
5.2.3 结构对等性 / 100
5.3 研究方法 / 101
5.3.1 数据 / 101
5.3.2 网络构建与网络结构特征提取 / 103
5.4 研究结果 / 108
5.4.1 中心性与凝聚性分析结果 / 108
5.4.2 结构对等性分析结果 / 110
5.5 机器学习预警模型的效果提升 / 111
5.6 研究结论 / 115
5.7 本章小结 / 117

6 研究结论与展望 / 119
6.1 研究结论 / 119
6.2 管理建议 / 125
6.3 不足与展望 / 126

参考文献 / 128

1 绪论

1.1 研究背景

阿特金森（Atkinson）和科特（Court）在1998年明确指出，新经济就是知识经济，而创意经济则是知识经济的核心和动力。在知识经济时代，企业如果仅仅依靠高成本的内部创新资源，将难以适应快速发展的市场需求以及日益激烈的竞争环境。而通过有效整合外部资源进行的开放式创新，则使企业能够以更低的成本、更快的速度获得更多的收益与更强的竞争力。伴随着计算机技术的迅速发展，以互联网为媒介的众包创新逐渐成为企业开放式创新的主导模式。Howe（2006）将众包定义为一个企业或机构把过去本由内部员工完成的工作任务，以自由自愿的形式外包给非特定的、而且通常是大型的大众网络的做法。许多大型跨国公司已经建立了成熟的自有众包平台，通过众包模式汇集外部的创新人才，扩大公司的创新创意来源，如宝洁（Procter & Gamble）和戴尔（Dell），它们通过自己的开放式创新平台来集聚世界各地人才的创意方案。自建众包平台往往是具有较高信息技术能力且拥有较为广泛的客户群体的企业的选择，而更多的企业则是利用第三方众包网站来参与众包。国际上有众多知名的第三方众包网络平台，如InnoCentive，该平台由美国著名的制药企业礼来公司投资建立，聚集了全球170多个国家的创新人才，为企业在生物、医药等领域的研发提供解决方案；Threadless，该平台上的大量设计工作者为各种服装公司提供服装设计方案；亚马逊土耳其机器人（Amazon Mechanical Turk），该平台利用大量的人力来执行不适合计算机执行的任务，如数据标注等。

基于众包项目中的任务过程特点，众包的模式类型通常被划分为协作式众包和竞赛式众包（Le et al., 2011）。协作式众包是指多个工作者协同合作一起完成任务，提供解决方案，各自分别获取应得的奖励。竞赛式众包是指多个工作者分别参与并独立完成任务，通过竞争后发起方选出一名或者几名优胜者获得相应的奖励（Afuah et al., 2012）。Felin 和 Zenger（2014）认为，由于比赛性质获胜人数限制，竞赛式众包的工作者能力更强，因此问题的解决效率更高，方案的质量更高。竞赛式众包被企业青睐，因此被各种第三方众包平台广泛采用。以设计需求为核心的众包平台就是竞赛式众包的典型，如99designs、DesignCrowd等，这种平台以"小竞赛"的众包模式著称，平台上的项目大多与设计有关，包括设计logo、服装或网站界面等，价格在300至800美元。一名设计师可以选择参与一个众包竞赛，并在规定期限内提交作品，如果作品被发起方选中，该设计师将获得全部奖励；如果没有中标，那么所有工作就白费了。在这种模式下，有创新需求的企业都可以将自己的创新任务通过网络众包平台发布，并设定一定的资金奖励来招募知识型人才提供解决方案，而知识型人才则可以在众包平台上寻找适合自己的创新任务，根据需求提交自己的解决方案后就有机会获得奖励。知识型人才提交的解决方案其实就是其知识成果。众包平台的目标是为有创新需求的企业服务，并吸引大量的高质量工作者提供优质的、多样化的解决方案（Terwiesch et al., 2008）。

众包竞赛也是中国众包平台一个非常重要的模式，近年来发展非常迅速，国内的众包网站如任务中国、赢在威客、猪八戒网等都采用了众包竞赛的模式，其总奖励金额已超过136亿元。该模式对海量企业和人才进行匹配连接，为发起方寻求解决方案提供了便捷且丰富的选择，其发布一个项目可以获得数百个甚至数千个解决方案。众包平台为来自多个国家和地区的现代服务业人才及机构提供服务，优化社会资源市场化配置、助推创业创新升级。

随着互联网技术的发展，众包模式越来越完善，为开放式创新的发展做出了巨大贡献。但是，仍有一个问题值得深入探讨与解决，那就是由国务院发展研究中心主办的中国发展高层论坛2019年会中的一个主题——"知识产权保护与开放式创新"。时任国家知识产权局副局长甘绍宁强调，完善的知识产权保护制度对开放创新至关重要，知识产权涉及创造、运用、保护、服务多个环节，其中保护是最重要的，是创新的基本保障，没有知识产权保护，就不会有创新。而知识经济是一种以风险、不确定性和不断变化为规则的经济。众包平台的环境具有低进入壁垒、空间和时间分离以及匿名性的特性，这些特性使得检测其中的欺诈行为特别困难。一般来说，众包中的欺诈通常来自发起方或者工作者。一些学者对众包中的欺诈行为进行了一定的研究，Eickhoff 和 de Vries（2013）提出，将为了骗取方案的奖金或奖励，随意地复制数据、捏造信息、盗取别人的成果、抄袭其他平台或相似任务的已经中标的方案的这类工作者称为"恶意工作者"。Oleson 等（2011）提出了采用黄金标准数据和设置竞赛前测试题目来筛选"恶意工作者"。然而，作为众包主体的发起方和工作者都具有道德风险，存在失信行为。发起方是众包模式的直接驱动者和创新受益者，Pang（2015）认为发起方的欺诈行为是众包风险的主要来源。根据众包竞赛平台的规则，工作者完成任务并将解决方案上传至平台，发起方具有审阅所有工作者提交的创新方案的权限，并择优选取。因此，发起方可以将选中的解决方案进行复制或适当修改，重新以工作者的身份向众包平台提交解决方案，最终选中自己的方案并获得奖励。对于工作者来说，发起方的这种行为不仅使其没有获取应得的报酬，而且其知识成果被抢占，是一种欺诈行为。具有道德风险和机会主义行为的恶意发起方有充分的机会和方式来盗用解决方案，而不奖励工作者。此外，众包竞赛在保证需求方利益的同时，也使参与其中的知识型人才（工作者）产生过度竞争。由于收入的不确定性以及约束发起方欺诈行为的平台规则不尽如人意，工作者不愿投入大量时间和精力进行高水平的创新，企业也不愿投入太多的资金用于奖励。因此，高层次的工作者逐渐离开市场，这将导致众包成为一个低层次的人才进行低水平创新的市场，即"柠檬市场"。

柠檬市场效应与发起方的道德风险都对工作者的参与度以及高水平创新的驱动产生负面影响，而目前学者的研究大多集中在众包平台和工作者角度，包括众包竞赛的机制、任务推荐、工作者参与动机以及方案的质量和风险控制等，项目发起方角度的研究很少，对众包竞赛发起方恶意行为进行深入系统研究的则更为少见。发起方作为众包竞赛中的重要参与方，其行为也应该得到更为深入的研究。同时，目前发起方视角的研究主要集中在发起方的绩效和策略上，而忽视了发起方的恶意行为及其相关风险。尚无学者针对众包发起方的欺诈行为提出有效的检测机制与风险预警方案，然而风险防控对于深入研究众包和发展众包市场是至关重要的。此外，现有研究的方法大多是传统的计量分析（工作者参与众包竞赛的动机），或者是理论层面的定性分析，特别是有关发起方风险领域，大多数学者都指出了这样一个亟待解决的问题，但是还缺少实质性的可实施方案。而针对发起方的恶意行为，不仅需要定性的分析，更需要通过实证分析探寻出具体的解决方案。

众包平台不仅要通过合理的激励机制让工作者积极参与创新任务，还应该制定有效的知识成果保护制度，以确保工作者获得应得的奖励，防止工作者的知识成果蒙受损失，从而提高众包的参与度以及保障开放式创新的持续度（李龙一 等，2014）。而目前，已有研究中网络欺诈检测的研究对象大多是金钱驱动的，也就是说，欺诈者经常为了金钱而实行欺诈行为。例如，众筹作为开放式创新的模式之一，恶意发起方通过发起虚假项目骗取投资者资金，其项目信息大多都是编造或者夸大其词的。相反，由于恶意的众包发起方的目标是免费获得优秀的解决方案，其必须提供关于项目的真实和详细信息，以前的在线欺诈检测线索可能会失效，在众包环境中不起作用。特别是创意型、知识型项目，项目发起方在知识获取权上的优势不可避免，而目前这个方面的研究还较为匮乏。因此，不局限于发起方身份与项目进度的监管，从侧面进行突破，通过量化分析平台上可获取的语言信息与非语言信息，对众包社区中具有欺诈行为的发起方进行深入研究，对欺诈意图的产生做出预测与判断，帮助众包平台与工作者更好地识别众包项目，完善众包中的创新成果保护机制，解决开放式创新中不可避免的知识成果保护问题，是知识经济发展中至关重要的。

1.2 研究问题

虽然众包有效利用网络大众智慧，降低了创新成本，扩大了企业的创意创新源，优化了社会资源。但是，基于互联网的众包平台具有低进入壁垒、空间和时间分离以及匿名性的特性，平台用户的身份和行为是动态变化且不可控的，这使得众包平台组织边界模糊，管理活动的不确定性较大（陆丹，2013）。同时，互联网的开放性使得技术和知识的共享程度增大，而工作者的知识成果保护风险也相应加大。然而，目前众包平台一定程度上忽视了这一风险，平台规则明显更加有利于保护发起方的权利（Massanari，2012）。工作者创造的知识成果是一种无形资产，因此会受到"阿罗信息悖论"（Arrow information paradox）的影响，其指出"信息对购买者的价值需要购买者了解才能确定，但是购买者一旦充分掌握该信息是否具有购买价值，信息的价值就会丧失，因为这导致了事实上的信息转移而没有对信息的生产者给予补偿"（Arrow，1972）。同样的，发起方需要事先对工作者提供的所有解决方案有详细和完整的了解，才能最终选择最佳解决方案，这为发起方提供了在不支付奖励的情况下窃取解决方案的机会。为了消除或者减轻这一悖论的负面影响，有必要找到一种简单有效的方法来使众包工作者的知识成果得到保障。但是在众包竞赛环境下，工作者提出的方案往往还不够成熟，不足以得到专利保护，因此探寻有效的方法，提前避免该风险的产生以及及时控制风险后果、弥补损失就更为重要（Natalicchio et al.，2014）。

通过对中国某知名众包平台的观察发现，在众包竞赛项目中，工作者对发起方的恶意行为有很多不满和抱怨，他们会向平台举报或投诉极不合格的中标者，质疑中标方案。笔者从工作者的反馈与投诉中提取了部分内容，如表 1.1 所示。

表 1.1 众包竞赛工作者关于发起方欺诈与平台不作为的投诉

投诉类型	投诉内容	投诉内容摘要
发起方欺诈	此人每次都跟我说如何改进，我每次都按照他的要求做了，但是他却选了个信用么差又没有实名验证的人，而且最重要的是，他选的这个方案是空的，我们大家根本看不见。要求他们两个人必须都提供 QQ 的截图，而且要附上当时使用 QQ 的 IP 地址，否则这个人自己传个东西给自己或者让朋友传，作弊就太简单了	发起方选择信用差的中标方
	中标者仅仅参与过一个项目就中标	
	发起方和中标者的注册时间一样！一个上海一个宁波只是遮人耳目的！问题是很神奇，中标的怎么知道那个经理叫张××	发起方和中标方注册时间相同
	中标者与发起方都系深圳地址	发起方和中标方地区相同，名称相似
	项目 26161 作弊，发起方和中标者同是泉州的，中标者从注册到现在只参加过这一个项目，名称里都带"wang"字，请查实	
	中标作品与发起方要求根本不符合，没有体现代送，也没有什么新鲜时尚感	中标方案不符合要求
	项目 28541 作弊，中标者是发起方自己，中标者的方案根本不符合营销计划，方案内都是开酒店必须有的工作进程表等。望尽快查实并处理，许多人都有意见	
	问题很大，中标者昨天刚申请加入赢在威客，而且只参加了这一个项目就中标了，中标了还看不到作品。说是 QQ 发过去了，怎么发？项目里一个联系方式都没有，100%是作弊！希望赢在威客给予处理	中标方注册时间短，一稿即中
	33088 号项目是典型欺诈。该项目于 2009 年 9 月 30 日产生中标者，而中标者是 9 月 30 日注册的，中标率 100%	

表1.1(续)

投诉类型	投诉内容	投诉内容摘要
平台不作为	37894项目作弊太明显了！这个人一定要揪出来！别再让我们失望了，以前投诉的案例全都没回音啊	作弊投诉不回复
	我举报n次了，结果一点用都没有，看来我应该举报你们的客服啊	
	我参与了25756项目并中了标，都过去三个多星期了中标金还没到位。与发起方联系发现联系方式都是假的，与客服联系客服也不回复！看了社区的帖子，好多人都说这是作弊现象并且还不少。我希望这是工作失误，希望赢在威客能很好地处理这些事，不要让工作者们失望！有诚信才能走得更远啊	处理作弊投诉时间过长
	28541项目你们处理作弊要处理到哪年	
	作弊！！！公告期快过了，麻烦赶紧把公告公布出来	查实作弊后公告时间过长
	你好，项目31955和项目31953已经查实作弊，为什么等了那么多天了，项目里的公告还没出来，这样会被大家误解的	

发起方的众包竞赛项目欺诈案例可分为"双重身份欺诈""解决方案挪用"和"拒付奖励"三种类型（Pang, 2015）。盗用解决方案的一个典型例子是，发起方复制和修改一个工作者的最佳解决方案，然后通过新的账户或朋友账户再次提交，最后选择自己提交的解决方案。这也是本书中被平台公告处理的最常见的欺诈方式。优秀作品得不到应有的奖励，因此工作者向平台报告，并提供一些支持性证据，如发起方和中标者注册时间、名称和地点相似。但是，由于人工处理和验证工作量大，工作者对平台的响应效率也表达了不满。因为平台只能依靠工作者的举报和提交作品的比对来判断发起方的欺诈行为，即使平台公告确认发起方的评标行为违法，平台也只能取消中标信息或者暂时关闭中标人账号，要求发起方重新评标，却很少处罚发起方，因为很难有实质性证据证明中标人与发起方合谋。可以看出，平台有处理问题的意愿，但是每天都有大量的投诉与举报，仅仅通过人工来判断，所耗费的人力物力可能是平台无法长期承担的。可见，如何高效地检测发起方的欺诈意图，即时采取惩罚措施，建立

与优化众包中的风险监控机制是每一个创新众包平台都高度关注的问题。

此外,当众包市场成为一个"柠檬市场",可能导致用户参与度逐步降低,并最终导致众包市场的失败。Akerlof(1978)在关于信息不对称的论文中提出了柠檬市场理论。一方面,在无法评估产品/服务质量的市场中,卖方比买方拥有更多的信息,这将导致高质量的产品/服务离开市场,因为他们只销售市场平均质量的产品/服务。同样,在众包市场中,工作者就是卖方,他们出售自己的作品和服务。由于发起方的恶意行为,高质量的作品得不到应有的回报,工作者不愿投入大量的时间和精力进行高水平的创新,只提供质量一般的作品,这将使众包市场的作品质量逐渐下降。另一方面,该研究还探讨了"不诚实成本",不诚实成本不仅取决于买方的损失,而且包括将合法业务赶出市场所造成的损失。同样,诚信发起方的项目也会受到影响,即他们无法获得预期的优秀和满意的作品,这意味着其他合规发起方可能也不愿意投入太多的奖励。因此,市场会逐渐恶化,甚至最终完全消失。

由此可知,发起方的欺诈行为助长了众包市场中的柠檬效应,严重损害了开放式创新和众包竞赛的发展。平台想要积极应对这一问题,然而,由平台工作人员手动判别欺诈发起方既费时又费力,但智能化自动检测发起方的欺诈行为十分具有挑战性。近年来,关于线上智能欺诈检测的研究越来越多,涉及钓鱼网站的识别(Goel et al.,2017;Zahedi et al.,2015)、线上动态交流诈骗(Ho et al.,2016;Zhou et al.,2004a)以及众筹欺诈项目的检测(Siering et al.,2016)等。如果欺诈者与普通人相比在语言或非语言行为上存在不一致或者异常,将这些行为有效量化,那么欺诈就能够被自动化机制检测到(Johnson et al.,2001)。在众包竞赛的情况下,这种不一致或者异常在静态和动态环境中均可以被捕捉到,并且可以用常用的语言线索或更具体的非语言线索来表达。根据对面对面欺诈线索研究的综述分析,DePaulo等(2003)证实了多种语言和非语言线索对欺诈检测是显著有效的。Ho等(2016)发现,线上欺诈也可以通过语言和非语言线索检测,如认知负荷、情感过程、反应延迟和重复。语言线索与口语或书面文本直接相关，而非语言线索则侧重于在一个人产生语言信息时所表现出的附属特征（Zhou et al.，2004）。根据在线交流和面对面交流在同步性上的相似程度，面对面交流中的各种非语言行为可以映射到众包平台上的在线行为。虽然缺乏在面对面的环境中可以观察到的生理性的非语言线索，但是本书认为四因素理论（four-factor theory，FFT）和泄露理论（leakage theory，LT）中的四个因素和泄露机制仍然可能与在线环境相关。例如，在面对面的交流中，说谎者为了确保一致性，倾向于长时间的思考，也就是多停顿和长停顿，这一点我们可以在网上与电子邮件回复的时间间隔相匹配。比面对面交流更有利的是，线上环境还可以捕捉到用户的整个在线行为轨迹，如过去的参与行为或决策行为。先前的文献已经证实，各种语言线索，如单词、句子和自我参照的数量、情感以及在线环境中的时间、空间和感知信息，都可以作为有用的欺诈检测指标（Hancock et al.，2009；Zhou et al.，2004b）。

然而，不论是金融财报欺诈、电信欺诈、众筹发起方欺诈还是虚假评论，这些研究对象都是以金钱为目的的欺诈方，其检测线索无论是文本语言线索还是其他信息特征，都有可能在众包竞赛这种以知识成果为驱动的欺诈用户检测环境中效果不佳或者失效。无论是在线上环境备受关注的语言线索，还是因获取难度大而关注度不高的非语言线索，在众包环境中都具有深入探讨的价值。同时，在开放式创新平台中，二元属性即关系网络可能比单一来源的属性更能有效识别用户的潜在行为。学者们已经将社会网络分析应用于各种类型的欺诈检测，如反馈声誉欺诈、在线拍卖欺诈、汽车保险欺诈等（Bodaghi et al.，2018；Chiu et al.，2011；Wang et al.，2005；Yanchun et al.，2011）。众包平台也可以被视为一个网络结构，每个用户都是网络的一个节点，用户之间的互动形成了一个庞大而复杂的关系网络（Tung et al.，2017）。一些学者从社会网络的角度探讨了开放创新平台的网络结构特征及其影响。例如，Zhang和Wang（2012）对维基百科的研究表明，用户在网络结构中的位置会影响他们在社区中的贡献行为。Lu等（2017）认为，核心—边缘的网络结构不利于用户在众包式论坛上进行知识共享。因此，对在线社区的网络结构进行研究有助于理解开放创新平台的用户行为，从社会网络的角度探讨具有欺诈行为的发起方的网络结构特征，从而准确发现众包发起方的欺诈意图，具有重要的理论和现实意义。

不仅如此，在众包背景下，发起方的目标是免费获得解决方案，其欺诈意图产生的时间是不确定的，可能是在项目开始之前，也可能是在项目实施的过程中。在众包项目的不同阶段，可获取的线索信息的数量和价值是不同的。因此，根据不同阶段的信息获取特点对发起方的欺诈意图进行更为清晰的探索，就可以提前防范和控制风险。众包竞赛的阶段化流程使其线上欺诈的研究不再局限于检测，也就是事后弥补；分阶段的检测框架可以从事前预防与事中控制着手，对线上欺诈进行意图捕捉与预判，并及时采取相应措施，有效避免后续欺诈行为的产生以及降低后续的纠纷处理成本，真正做到风险的防范与控制。

此外，预测分析包括预测模型的方法以及评估预测能力的方法，这些方法不仅有助于创建实际有用的模型，而且在理论构建和理论测试中与解释性建模一起发挥重要作用（Shmueli et al., 2011）。机器学习作为一种预测分析工具，可以从训练数据或以往的经验中自动学习隐藏的知识或模式。多个领域的基于机器学习的线上欺诈检测中，关于分类器的选取，逻辑回归（logistic regression，LR）、支持向量机（support vector machine，SVM）、随机森林（random forest，RF）、人工神经网络（artificial neural network，ANN）以及集成学习等算法均被广泛使用，但目前还没有在任何数据集上表现都绝对占优的方法（Alkhateeb et al., 2019）。因此，本书将采用多种机器学习算法进行模型训练，最终选用表现最好的分类器。

综上所述，本书试图构建一个基于多源数据结构的时序性智能化欺诈检测框架，通过对众包竞赛项目全过程的自动跟踪和监控，实现对风险因素的全程控制和预警。具体而言，为了深入研究众包竞赛中发起方的欺诈行为，及其风险防控机制与策略，本书分别对以下问题进行了探讨：首先，本书对众包竞赛发起方欺诈自动化检测中动静态环境下的语言与非语言特征进行价值探索，验证传统的欺诈检测线索在以知识成果为导向的众包竞赛环境中是否有效；其次，基于上述有效性的探索，本书提出基于流程视角的分阶段众包发起方欺诈检测实时预警模型与框架设计，验证是否能构建有效的欺诈预警系统，完成对众包竞赛项目的自动跟踪和监控，实现对风险因素的全程控制和预警；最后，由于在开放式创新平台中，二元属性即关系网络可能比单一来源的属性更能有效识别用户的潜在行为，本书进行了社会网络分析在众包发起方欺诈检测中的有效性探寻，验证社会网络分析的相关指标是否能有效区分欺诈与非欺诈发起方，并提高模型的预测能力。

1.3 研究意义

众包扩大了企业的创意创新源，优化了社会资源，众包竞赛模式使企业、众包平台和众包工作者都从中获益，同时引起了学术界的极大关注。随着众包模式的发展，国内外学者的相关研究也日益增多，当前学者的研究大多集中在众包平台和工作者角度，包括众包竞赛的机制、任务推荐、工作者参与动机以及方案的质量和风险控制上，项目发起方角度的研究很少，对众包竞赛发起方恶意行为进行深入系统研究的则更为少见。而众包模式下的利益相关者因为完成同一任务而联系在一起，这种短暂的关系契约模式缺乏合作的稳定性，使发起方和众包工作者在获益的同时存在风险。例如，众包竞赛的特殊性在于，多人参加众包项目，发起方在阅览所有方案后选择一个或少数几个工作者中标，这造成众包工作者之间可能出现恶性竞争，以及工作者的知识创造存在盗用风险等问题。本书的选题基于众包竞赛发起方的欺诈行为提出，其理论意义与实践意义如下。

1.3.1 理论意义

从理论的角度来看，本书涉及了众包、欺诈检测、社会网络分析等多领域研究，是多领域、多学科理论的融合深化与交叉应用。本书的理论意义主要有以下四点：

第一，本书对发起方欺诈行为的讨论丰富了众包领域的相关研究。作为新兴知识经济中最著名和最成功的新商业模式之一，众包已经引起了学术界的广泛关注，引发了学者们对众包发起方、平台和工作者的研究。大量学者针对工作者的参与动机、方案质量和恶意行为进行了研究，同时，对平台的创新激励机制、任务推荐机制、质量和风险控制机制以及欺诈防范机制的设计等也进行了探讨。但是，相对于平台和工作者，对发起方的研究并不多，现有的研究主要集中在发起方的绩效和策略上，而忽视了对其欺诈行为的检测和风险控制。部分学者指出了这样一个亟待解决的问题，并进行了一定的理论层面的定性分析，但是尚没有学者针对众包发起方的欺诈行为提出有效的检测机制与风险预警方案。众包平台不仅要通过合理的激励机制，让工作者积极参与创新任务，还应该制定有效的知识成果保护制度，以确保工作者获得应得的奖励，防止工作者的知识成果蒙受损失，从而提高众包的参与度以及保障开放式创新的持续度。因此，风险防控对于深入研究众包和发展众包市场是至关重要的。

第二，本书证实了传统的语言线索在以知识成果为导向的线上欺诈检测中的有效性，同时重新定义了线上的非语言线索的范围，扩展了欺诈检测理论的理论边界。本书基于信息操纵理论（information manipulation theory，IMT）、人际欺骗理论（interpersonal deception theory，IDT）、四因素理论（FFT）和泄露理论（LT）等欺诈理论对欺诈检测线索进行了四种类别的划分，分别是静态语言线索、动态语言线索、静态非语言线索和动态非语言线索。众包模式作为一个线上平台，在上述欺诈理论分类的基础上，为探索四种类型的欺诈检测线索提供了一个完整的环境。本书利用自然语言处理技术与量化方法，从平台的结构化与非结构化数据信息中提取线索特征，通过对静态和动态语境中的语言信息和非语言信息进行对比分析，来探索众包竞赛发起方欺诈行为自动化检测中动静态环境下的语言与非语言特征的价值。

第三，本书丰富了流程视角的应用，也加深了人们对类似线上活动的理解。对于发起方欺诈行为的防控重点应该放在对其欺诈意图的检测与预测中，欺诈意图产生的时间是不确定的，可能是在项目开始之前，也可能是在项目实施的过程中。本书引入的流程视角是基于输入-处理-输出（input-process-output，I-P-O）模型的框架，它有助于区分整个流程活动的前因、主要组成部分和结果，这与众包竞赛项目的发起、提交、评选阶段相对应，且每个阶段具有其典型的用户行为特征。结果证实，基于I-P-O三阶段的划分，逐步向每个阶段添加新的特征，的确不断提高了欺诈检测的精确性。

第四，本书首次将社会网络分析信息作为众包欺诈检测来源，拓展了社会网络分析在欺诈检测领域的应用范围。在开放式创新平台中，二元属性即关系网络可能比单一来源的属性更能有效识别用户的潜在行为。众包竞赛发起方的知识成果驱动特性导致传统的从发起方或项目信息中提取的单一属性检测线索效用降低或者失效。如果需要提前判断项目发起方是否具有欺诈意图，那么找到发起方现阶段在网络中所处的位置是很重要的。本书引入社会网络分析（social network analysis，SNA）理论，从社会网络的角度探讨具有欺诈行为的发起方的网络结构特征，从而准确发现众包发起方的欺诈意图。结果证实，社会网络的相关指标即点度中心度、中间中心度和接近中心度在欺诈与非欺诈发起方之间是具有显著差异的，并有助于欺诈检测效果的提升，也就是可以作为众包利益相关者更好地评估与发起方相关风险的一个有效特征。

1.3.2　实践意义

从实践的角度来看，本书的研究内容与参与众包的各方利益相关者高度相关，对工作者直接获益、保护知识创造的知识成果，完善平台的管理，加强平台对合规发起方的关注度，以及保障开放式创新的持续发展均有重要的实践意义。本书的实践意义主要有以下三点：

第一，本书以众包发起方的欺诈行为为研究对象，不仅能够引起对大众阶层创造创新力量的重视，而且能够有效地解决大众在开放式创新的价值创造过程中参与积极性被挫伤的问题。对于潜在的工作者来说，提出智能化的欺诈检测方案，构建合理的自动检测机制，能够减少其在欺诈项目中的损失，有利于提高优秀众包工作者的中标率，激发和保持他们持续参与众包项目的热情，维持和增强众包平台的多样化创新源。

第二，本书为开放式创新中的知识成果保护提出了有效的方案。欺诈项目的即时停止，有助于缓解用户对于知识成果安全、奖励分配和评价程序公平的担忧，可以激励工作者提供高质量的创意。同时，合规发起方的项目将受到更多关注，从而可能获取更多高质量的解决方案。

第三，本书提出的基于社会网络指标和流程视角（I-P-O）模型的风险预警系统能够通过对众包竞赛项目的自动跟踪和监控，给出高精确率的预测值，提前预防和控制风险，从而减少信息过载和争议处理成本，是实现众包网络治理、降低众包欺诈风险以及保持众包模式与开放式创新持续健康发展的重要一环，同时也是众包平台获得多样化创新源并持续发展的动力，有助于更好地构建公平且完善的平台环境。

1.4　研究内容与方法

1.4.1　研究内容

在充分分析相关文献的基础上，基于传统的欺诈理论，本书首先试图针对以知识成果为导向的众包竞赛环境中的欺诈行为，利用多种机器学习方法进行对比分析，着重深入探讨各类型检测线索的有效性与价值。其次，由于数据来源包括平台文本数据、用户信息与行为数据、用户关系网络数据，涉及结构化与非结构化数据信息的量化，本书试图利用自然语言处理技术与量化方法，从平台的结构化与非结构化数据信息中提取语言与非语言线索，即一元特征，并利用社会网络分析方法从用户关系网络中提取社会网络指标，即二元特征。最后，本书以流程视角的输入-处理-输出

（I-P-O）阶段划分为基本框架，根据各类型特征生成的时间顺序特点，选择表现最优的机器学习分类器构建一个智能化欺诈检测系统。总而言之，本书主要包括以下3个方面的内容：①众包竞赛发起方欺诈自动化检测中动静态环境下的语言与非语言特征的价值探索；②基于流程视角的分阶段众包发起方欺诈检测实时预警模型与框架设计；③社会网络分析在众包发起方欺诈检测中的有效性探寻。从结构上看，本书分6章展开，具体研究内容如下：

第1章，绪论。本章主要对本书的研究背景、研究问题、研究意义、研究内容与方法以及主要创新点进行了阐述。

第2章，文献综述。本章首先对众包与众包竞赛模式的相关研究进行了综述；其次介绍了线上欺诈检测的研究领域与方法；最后介绍了社会网络分析及其在欺诈检测领域的相关应用。本章为构建基于机器学习的线上欺诈预警实时检测框架提供了强有力的支持和论证。

第3章，动静态环境下的语言与非语言线索在众包发起方欺诈检测中的价值探索。众包作为一个线上平台，基于4种欺诈理论及其在线上环境的扩展应用，为探索4种类型的欺诈检测线索提供了一个完整的环境。本书所研究的众包平台上的在线信息包含4个维度，即静态语言信息、动态语言信息、静态非语言信息和动态非语言信息。本章利用自然语言处理技术与Python工具，从上述结构化与非结构化数据信息中提取4类欺诈检测线索，从而探索动静态环境下的语言与非语言线索在众包竞赛发起方欺诈自动化检测中的价值。

第4章，基于流程视角的众包发起方欺诈防控与预警。本章从流程视角来检测众包发起方的欺诈行为，重点研究众包竞赛不同阶段的输入-处理-输出（I-P-O）模型，并构建了一个智能化欺诈检测框架，通过对众包竞赛项目的自动跟踪和监控，实现了对风险因素的全程控制和预警。

第5章，基于社会网络分析的众包发起方欺诈检测。本章引入社会网络分析方法，分析了具有欺诈行为的发起方的内在结构和特征，并探究了如何利用社会网络的几个关键概念，即中心性、凝聚性和结构等价性有效地检测出潜在的恶意发起方。同时，本章研究首次尝试把社会网络分析的信息作为众包欺诈检测来源，将通过检验的特征加入上述智能模型，进一步提升预测效率。

第6章，研究结论与展望。本章对全书内容进行了总结，对研究中存在的不足进行了分析和反思，对于未来可能进行的线上欺诈检测与众包风险防控研究进行了展望。

1.4.2 研究方法

本书用机器学习、社会网络分析等计算机科学方面的手段研究众包竞赛中发起方的欺诈问题，具体的研究方法总结如下：

（1）文献研究和归纳总结法。本书首先通过对众包竞赛与线上欺诈检测相关研究的梳理，基于信息操纵理论（IMT）、人际欺骗理论（IDT）、四因素理论（FFT）和泄露理论（LT）等欺诈理论，整理现有文献并泛读，了解关于众包竞赛以及线上欺诈检测的研究现状。其次筛选出具有代表性的文献，深入分析其研究内容，总结出关于众包竞赛与线上欺诈检测的相关研究成果，为本书提供理论基础与支撑。最后，确定研究目标，即从发起方恶意行为出发研究线上欺诈检测。

（2）对比分析法。本书在四个方面用到了对比分析方法：一是动态线索与静态线索之间、语言线索与非语言线索之间的价值比较；二是三阶段模型之间的预测效果递进比较；三是加入经检验的社会网络相关特征后的预测模型与加入前的预测模型的效果比较；四是在每章节的研究中，各个不同机器学习算法模型预测效果的比较。通过对比，分析各个模型的优缺点与各种特征的有效性，为研究线上欺诈检测线索的提取与效用提供可靠的技术依据。

（3）实证分析法。本书的实证分析对象为中国某著名众包平台2014年至2017年的所有项目与用户数据。本书借助自然语言处理、机器学习、社会网络分析等分析方法，构建众包竞赛中发起方欺诈预警框架，为进一步研究关于众包竞赛风险防控、线上智能欺诈检测的理论奠定了基础。

（4）跨学科研究法。本书结合了众包竞赛模式、智能欺诈检测和社会网络分析等方面的研究，涉及管理学、心理学和计算机科学学科的交叉研究。首先，通过监测项目发起方的非语言行为以及与之相关的静态陈述和动态交流的语言文本信息，将所有的文本与行为信息经过处理后形成数据库。其次，利用数据挖掘技术对大量的数据进行特征提取，建立以机器学习为基础的非线上欺诈检测模型。再次，基于平台用户间的关系网络与社会网络分析方法，将一元特征和二元特征进行系统整合，进一步提升模型的预测效果。最后，通过多学科融合，构建众包竞赛中的用户行为监测与发起方欺诈预警系统框架，进而为众包平台与各个利益相关者提供理论参考和决策辅助。

本书的技术路线如图 1.1 所示。

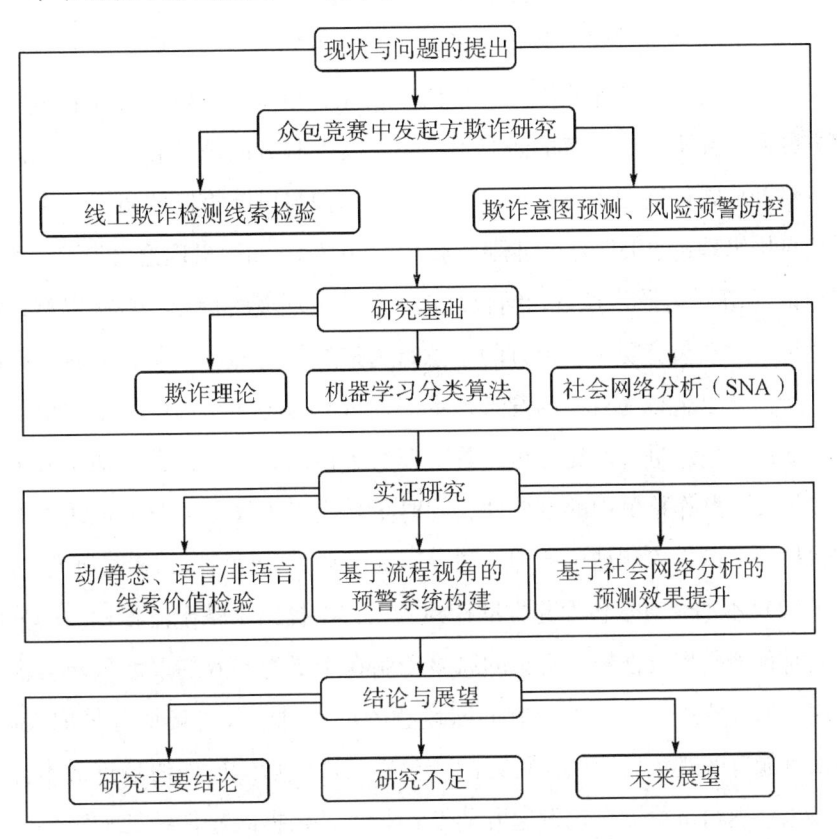

图 1.1 技术路线

1.5 主要创新点

本书在总结分析现有文献的基础上，结合实际应用中众包平台的运营状况，构建了基于流程视角的智能化欺诈检测框架，通过对众包竞赛的自动跟踪和监控，实现对风险因素的全程控制和预警。在上述框架的设计中，本书探讨了各类欺诈检测线索的价值以及各种模型的现实管理意义，并通过探索多源线索的有效性完善模型机制，期望为众包平台的相关方提供可以参考的操作思路。这些研究探索，一定程度上丰富和完善了现有研究，具体而言，本书的创新点在于：

（1）本书首次系统性探索了动静态环境下的语言与非语言线索在以知识成果驱动的线上欺诈检测中的价值。首先，相对于平台和工作者，对发起方的研究并不多，现有的研究主要集中在发起方的绩效和策略上，而忽视了对开放式创新中欺诈行为、知识成果保护与风险控制的研究。本书基于信息操纵理论（IMT）、人际欺骗理论（IDT）、四因素理论（FFT）和泄露理论（LT）等欺诈理论，结合众包平台线上环境的特点，首次以欺诈检测的视角对众包竞赛中发起方的恶意行为进行了研究。其次，针对现有线上欺诈都是以金钱为目标的背景，本书通过对静态和动态语境中的语言信息和非语言信息进行对比分析，首次证实了传统的语言线索在知识成果为导向的线上欺诈检测中的有效性，同时重新定义了线上的非语言线索的范围，扩展了欺诈检测理论的理论边界，也丰富了众包领域的相关研究。

（2）本书针对众包发起方欺诈检测，首次提出了基于流程视角的分阶段实时预警模型与框架。真正的风险控制在于更为有效的事前预防与事中控制，如果能进一步在发起方的欺诈意图产生时就及时确认并采取措施，那么就能有效避免后续欺诈行为的产生以及降低后续的纠纷处理成本。本书从流程视角来检测众包发起方的欺诈行为，根据时序性特征的特点，重点研究众包竞赛不同阶段的输入-处理-输出（I-P-O）模型，并构建了一个智能化欺诈检测框架，通过对众包竞赛的自动跟踪和监控，实现对风险因素的全程控制和预警。本书首次将流程视角引入线上欺诈检测中，为类似的线上欺诈行为的分析与欺诈意图的预测提供了可实施的方案。

（3）本书基于众包平台用户间的关系，首次将社会网络分析引入众包发起方的欺诈检测中。由于众包竞赛发起方的知识成果驱动特性，传统的从发起方或项目信息中提取的单一属性检测线索的效用可能降低或者失效。本书引入社会网络分析方法，分析具有欺诈行为的发起方的内在结构和特征，并探究如何利用社会网络的三个关键概念，即中心性、凝聚性和结构等价性有效地检测出潜在的恶意发起方。本书首次同时将非结构化文本信息、结构化用户信息以及社会网络分析信息三种信息作为众包欺诈检测的数据来源，将来自项目和用户的一元特征和来自网络结构的二元特征相融合，进一步提升智能模型的预测效率，这种多源的数据模型为线上欺诈检测提供了具有潜力的新线索与新视角。

2 文献综述

本书基于机器学习和社会网络分析构建针对众包竞赛发起方的风险监测与防控的智能化框架,涉及众包与众包竞赛模式、线上欺诈检测和社会网络分析三方面的内容。本章首先回顾了国内外关于众包与众包竞赛模式的相关研究并进行了探讨;其次梳理了线上欺诈检测领域的相关研究与机器学习方法;最后介绍了社会网络分析及其在欺诈检测领域的相关应用。本章为构建基于机器学习的线上欺诈预警实时检测框架奠定了坚实的基础并提供了强有力的支持。

2.1 开放式创新的众包模式

众包是开放式创新的产物,其运行机制是通过充分调动和利用群众的智慧,合理整合群众的闲暇时间,利用他们的专长,实现知识的有效获取,降低企业成本和外部环境的创新风险(Estellés-Arolas et al., 2012; Howe, 2006)。可以说,众包的出现是对以往组织形式的商业模式和管理思想的颠覆,是实现企业与人群之间资源优化配置的有效途径。通常而言,企业参与众包有两种途径,一种是建立自有众包平台,另一种是通过第三方平台参与众包(Brabham, 2010)。自建众包平台需要企业自己建立独立网站,并负责吸引和管理所有大众工作者,具有较高信息技术能力且拥有较为广泛的客户群体的企业往往会选择建立自有平台,而更多的企业则是利用第三方众包网站平台来参与众包。目前众包平台发展迅速,国内外都涌现了众多知名的第三方众包网络平台，并在IT、设计、人力服务等方面均有涉及且各有侧重，基本能够满足企业的各种需求。

基于众包项目中的任务过程特点，众包的模式类型通常被划分为协作式众包和竞赛式众包（Le et al.，2011）。协作式众包是指多个工作者协同合作一起完成任务，提供解决方案，各自分别获取应得的奖励。竞赛式众包是指多个工作者分别参与并独立完成任务，通过竞争后发起方选出一名或者几名优胜者获得相应的奖励（Afuah et al.，2012）。Felin和Zenger（2014）认为，由于比赛性质获胜人数限制，竞赛式众包的工作者能力更强，因此问题的解决效率更高，方案的质量更高。竞赛式众包被企业青睐，因此被各种第三方众包平台广泛采用。具体而言，众包竞赛是指发起方通过第三方众包平台发布创新任务需求，工作者通过平台选择感兴趣的任务并提交解决方案，最终发起方择优选择并支付奖励的一种商业模式，主要有以下三个相关参与方：

（1）众包平台。众包平台作为中介负责监督发起方和工作者的参与行为，并为发起方和工作者之间的沟通提供支持等服务。

（2）发起方。发起方通常是有创新任务需求的企业、政府机构、非营利机构或者个人，其中企业占大部分。作为发起方的企业，参与众包项目的目的是通过互联网充分利用社会大众的集体智慧，获取全球人才的知识能力，整合创新资源。

（3）工作者。工作者是来自全球范围内的互联网用户，包括专业人才和非专业的兴趣爱好者。工作者可以是个人，也可以是团队，他们可以通过完成发起方的项目并在中标后获得指定的奖励（Lakhani et al.，2007；汪来喜 等，2007），通过方案的获胜与认可得到自我的成就感与满足感（Howe，2006；仲秋雁 等，2011）。同时，工作者通过在众包社区中的知识分享和学习，能够获取新的知识和技能，也能有效利用业余时间（Brabham，2010）。

众包模式自产生以来，已经得到学术界的广泛关注，其中，针对众包竞赛的研究根据相关参与方可以分为以下三类：

第一类是从平台角度出发，研究平台创新激励机制、任务推荐机制、质量和风险控制，以及欺诈防范机制设计等（Kurup et al., 2020；Pang, 2015；Zhong et al., 2015；郝琳娜 等，2014）。众包平台作为连接不同参与方的中介，使发起方和工作者聚集在一起，理应承担起维护市场秩序、管理发起方与工作者之间关系的责任（Bretschneider et al., 2014）。郑海超和侯文华（2011）的研究发现，众包平台的信誉会影响工作者对众包发起方的信任。李燕（2009）的研究结果表明，众包平台的信誉度和易用性对用户的满意度影响最大。Muhdi 和 Boutellier（2011）的研究结果表明，众包用户受到奖励、学习、效能感的激励程度较大，同时平台特征、社会方面、竞争也是激励因素。Son 等（2012）研究发现，在设计类众包平台上，用户的使用动机受到其所感知到的社会风险的负面影响。他们提出，平台在促成发起方与工作者合作的同时，应该防止双方可能的投机行为，减少众包竞赛中的风险因素。而平台作为中介方，其环境会直接影响到用户的参与体验，因此众包平台的有效性和公平性是至关重要的（Feller et al., 2012）。如前文所述，很多工作者在平台的意见反馈板块中直接表达了他们对于知识成果安全和发起方的机会主义行为的担忧。目前，学者们针对众包平台面临的一部分问题进行了探讨并试图寻找解决方法，主要涉及任务有效推荐、信用评价体系以及平台规则完善等。朴春慧等（2009）在研究中探讨了众包中的欺诈行为，认为结合众包信用评价指标体系和欺诈处理规则是有效的措施。郎宇洁（2012）基于国内的众包平台研究现有的一些问题，建议平台应该加强知识成果保护、实行实名制以及进一步完善平台管理规则。Kurup 和 Sajeev（2020）提出一系列有关有效任务推荐的措施，包括构建人才素质匹配模型、建设科学合理的试用机制和完善的评价体系。

第二类是从工作者角度出发，众包平台能够有效运营，必须要有相当规模网络大众（工作者）的积极参与。工作者提交方案数量的增加会使发起者获取最优解决方案的可能性增加（Lacetera et al., 2011）。大量学者针对工作者的参与动机、方案质量和恶意行为进行了研究（Deng et al.,

2016；Pee et al.，2018；Taylor et al.，2019）。众包工作者的动机研究主要沿用了心理学的研究方法，动机主要分为外在动机和内在动机。获取任务奖励和满足感、提高自身技能等都是工作者参与众包任务的动机（Chandler et al.，2013；Hossain，2012；Pee et al.，2018；Zheng et al.，2011）。工作者的专业知识、工作经验会影响其方案的产出质量。Bayus（2013）的研究发现，过少与过多的众包参与经验对众包工作者的创新行为与结果的影响是负面的，但是工作者的努力程度对其创新行为与结果的影响是正面的。值得一提的是，已经有大量研究人员关注到了工作者提交的方案质量低下的问题，甚至一部分是工作者的恶意行为，并提出了一系列针对性的解决办法。Eickhoff 和 de Vries（2013）深入研究了恶意工作者的行为模式，发现通过预先设定的过滤方法可以有效降低恶意工作者的数量。Hirth 等（2011）针对非创意类的众包任务（如翻译），提出了两种检测恶意工作者的方案，分别是多数决策（majority decision，MD）法和控制组（control group，CG）法。具体而言，多数决策法是指将多个工作者同时完成同一个任务，并选择大多数工作者的结果作为最终结果；控制组法是指通过一个控制组，监督工作者的任务过程，并对完成的任务结果进行检查。控制组法已经被 Amazon Mturk、CrowdFlower 等很多众包平台采用。Le 等（2010）通过黄金标准数据（golden standard data）问题提前筛选工作者，也就是工作者在参与任务之前需要先回答已知的黄金标准数据问题，根据工作者提交的答案结果就能快速判断工作者是否合格。Bernstein 等（2011）将该方法进一步扩展，在工作者完成任务期间插入部分黄金标准数据问题，从而动态评估工作者的质量。Heimerl 等（2012）则基于声誉评估方法，提出在众包平台上设立反馈机制，通过反馈结果如好评率对工作者进行等级划分，如果等级过低则可能被拉入平台黑名单。

第三类是从发起方角度，大量研究者聚焦于企业众包战略和众包绩效影响因素（Mahr et al.，2015），以发起方的目的为出发点探究如何提高方案的数量与质量，如发起方制定的任务特征中的奖励金额和任务期限对提交的方案的数量或质量是有影响的（Tracy et al.，2012），但是在具体的影响机制上却并未得出一致的研究结果。Yang 等（2009）认为，发起方对已提交方案的反馈与回复可以激励工作者更加努力，并且能够提高解决方案的质量。此外，任务的描述越长，参与的工作者人数越少，其原因可能是任务的可分析性越低，任务越复杂，工作者面临的风险越高（郑海超 等，2011）。Terwiesch 和 Xu（2008）认为发起方和工作者的沟通与互动越多，解决方案的数量越多，而方案数量的多少会影响最终结果的质量。相反，Chandler 和 Kapelner（2013）的研究表明，众包工作方案的数量多少对结果质量并没有显著影响。侯文华和郑海超（2012）的研究发现，发起方与工作者的沟通能够提高方案的多样性，但是并不能影响方案的数量；此外，工作者对发起方的信任程度对其参与意愿有显著影响。

通过对开放式创新的众包领域研究相关文献的梳理可以发现，国内外学者对众包与众包竞赛模式的研究都已经有了一定的成果，从平台和工作者的角度对创新协调机制、工作者参与动机和一系列风险控制等方面进行了较为全面和深入的研究。但由于众包还是一个新兴的开放式创新模式，学者们对其的研究时间尚短，研究视角与内容还有待进一步开拓与深入，主要表现在以下三个方面：

第一，在研究视角上，当前学者的研究大多集中在众包平台和工作者角度，包括众包竞赛的机制、任务推荐、工作者参与动机以及方案的质量和风险控制等，项目发起方角度的研究很少，对众包竞赛发起方恶意行为进行深入系统研究的则更为少见。发起方作为众包竞赛中的重要参与方，其行为也应该得到更为深入的研究。

第二，在研究内容上，基于发起方视角的研究主要集中在发起方的绩效和策略上，而忽视了发起方的恶意行为及其相关风险。尚没有学者针对众包发起方的欺诈行为提出有效的检测机制与风险预警方案，风险防控对于深入研究众包和发展众包市场是至关重要的。

第三，在研究方法上，大多是传统的计量分析（工作者参与众包竞赛的动机），或者是理论层面的定性分析，特别是发起方风险领域，大多数研究都缺少实质性的可实施方案。而针对发起方的恶意行为，需要定性的分析，更需要通过实证分析探寻出具体的解决方案。

综上所述，众包平台不仅要通过合理的激励机制，让工作者积极参与创新任务，还应该制定有效的知识成果保护制度，以确保工作者获得应得的奖励，防止工作者知识成果蒙受损失，从而提高众包的参与度以及保障开放式创新的持续度（李龙一 等，2014）。鉴于目前的研究现状，本书将从发起方的视角深入探讨其恶意行为，并设计可行的风险防控机制，从而丰富众包理论，同时促进众包模式与开放式创新的发展。

2.2 线上欺诈检测

线上欺诈是欺诈的一种新形式，与传统欺诈相比，其主要特点是途径转移到线上，学界将其看作一种基于双方利益冲突的认知互动（Johnson et al.，2004）。目前，学界对欺诈的界定主要体现在三个方面：行为的蓄意性、对信息的操纵性和欺诈者的目的性。首先，欺诈方的行为应是蓄意的，"欺诈是一方或多方通过蓄意诱导，使单人或多人对当前局势形成错误信念，进而操纵被欺诈方的行为"（Goffman，1979）。Zuckerman 和 Miron（1981）指出，欺诈是"一方有意识地促使另一方形成错误的理念或理解"。也就是说，欺诈是一种旨在诱导错误结论的信息传播，若信息发送者在不知情的情况下发送会导致错误理解的信息，因其不存在欺诈意图，其行为不应视为欺诈。其次，欺诈应体现对信息或行为的操控。Buller 和 Burgoon（2010）指出在欺诈过程中，欺诈方有策略地控制信息，使被欺诈方无法获得实情，从而被其误导。最后，欺诈有很强的目的性，是"一方为自身目的操纵或限制信息，使另一方产生虚假信念的行为"（Biros et al.，2002）。因此，按照 Johnson 等（2001）的观点，欺诈可以界定为：在利益产生冲突时，欺诈者操控被欺骗者的环境，蓄意使被欺骗者对其周围环境产生不正确理解，进而实施欺骗行为，达成其目的。

可见，欺诈不仅可以通过虚假陈述达成，同样也可以通过隐瞒真相或故意不做出其理应做出的陈述方式，或者直接通过某些行为导致最终结果，获得不该获取的利益。由于互联网的发展，线上欺诈在信用贷款、商业保险、电子商务、电信等行业普遍存在。因此，利用多年积累的行业大数据，建立欺诈检测模型，快速发现相关领域的知识和规律，识别隐藏的、少量的欺诈记录，对各行业存在普适性，对规范和维护合理的行业秩序具有重要意义。

大部分欺诈的数据分布都很不均衡，其中合规用户的数量极大而欺诈用户的数量相对极少，这种偏斜的类分布性导致传统的自动欺诈检测效率很低（Yager，1987）。随着近年来机器学习的发展，许多欺诈问题也用相关的方法来解决（Rawte et al.，2015）。其中，在监督学习的领域，通常将欺诈检测定义成二分类问题，即在多维数据中把特征提取出来，通过使用带标签的训练分类器，对训练集进行标注并训练分类模型，从而得到分类的数据，这些结果也进一步反映了疑似欺诈数据记录。另外，分类器也可以获得被检测对象的欺诈概率。常用方法包括 K 近邻（KNN）、贝叶斯、支持向量机（SVM）、逻辑回归（LR）、人工神经网络（ANN）和随机森林（RF）等（Van Capelleveen et al.，2016）。Brown 和 Mues（2012）发现，随机森林和梯度提升两种分类器不仅在信用评分环境中有着不错的表现，而且在面对类别不平衡问题时，同样发挥稳定。Ekin（2013）提出了一种新的方法来识别潜在的医患欺诈，即贝叶斯共聚类（Bayesian co-clustering）方法。在使用这种方法时，医患的关联被转换为二元数据对，通过在贝叶斯方法中引入主观输入，如医学知识、不确定性量化规则等，进而对欺诈行为的不确定性进行量化，达到欺诈识别的目的，并提升识别的准确度。贝叶斯共聚类方法提出了一种面向医疗欺诈识别的通用共聚类模型。Sahin 等（2013）针对信用卡欺诈，提出了一种新的成本敏感决策树方法，能够最大限度地降低错误分类成本。实验证明，该方法的表现优于支持向量机与决策树。Huang（2013）基于支持向量机和逻辑回归提出了一个五个变量结合的欺诈检测模型。实验表明，在检测财务报表欺诈两年前的突发事件和欺诈事件时，支持向量机更适合，而过滤变量模型是在检测财务报表欺诈前一年的突发事件和欺诈事件场景下的优选。Chang 等（2013）通过优化隐马尔可夫模型，针对信誉评估提出了利用粒子群优化搜索算法，该算法能够帮助买家避免线上交易中的欺诈行为。通过这种算法，卖家的行为变化能够更迅速地反映在电子商务系统中。Chengwei 等（2015）提出了一种金融欺诈检测模型，该模型基于随机森林，采用中国上市公司的数据测试，通过特征选择对八个特征变量进行组合，并与逻辑回归、决策树、支持向量机、K 均值四种模型进行对比，结果表明该方法的准确性可以达到 88%。为了提高信用风险评估模型的预测准确率，陈云等（2016）在信用风险评估问题中，应用了基于支持向量机的集成学习方法，并提出了 RSA——一种随机子集模型和 AdaBoost 两种流行策略的混合集成策略。通过使用两组公开信用数据集进行实验，结果表明基于 RSA 的 SVM 集成学习模型能够成为信用风险评估问题的有效模型。陈云和杨晓雪（2017）通过在上市公司财务困境预测问题中引入新闻文本类非结构化数据，通过支持向量机来预测财务困境，结果证明在财务数据中加入文本特征能够提升模型的预测准确率。Chopra 和 Bhilare（2018）通过使用公开的银行贷款数据集，采用基于决策树的方法研究银行贷款违约，并将其与 bagging、boosting 等集成树学习技术进行比较，结果表明集成模型比单个模型更有效。Sunday 等（2019）提出了一个基于支持向量机的用于识别欺诈邮件的模型，其预测准确率高达 94.06%，比先前的研究增加了 3.11%；另外，实验的召回率达到 94.06%。Madhavan 等（2021）从优缺点、局限性以及各类评价指标，包括准确率、精确率、召回率、AUC（area under curve）等方面，对不同机器学习方法在欺诈邮件检测问题中的应用进行了对比分析。精确率结果显示，朴素贝叶斯高达 99.46%，支持向量机为 96.90%，K 近邻为 96.20%。

通过对线上欺诈检测领域的部分研究文献的梳理可以发现，线上欺诈涉及多个领域，无论是金融领域的信用卡欺诈、财务报告欺诈还是通信领域的邮件欺诈，都受到了大量学者的关注。而在分类器的选择上，逻辑回归、支持向量机、随机森林、神经网络、集成学习方法等被广泛使用，但目前尚无在任何数据集上表现都绝对占优的方法（Alkhateeb et al.，2019）。Ander Gomez 等（2017）构建了一个基于神经网络的反欺诈深度学习模型，实验表明该模型在真实数据集上预测欺诈的准确率表现与其他分类算法相近。陈沁歆（2018）使用随机森林、决策树、逻辑回归、AdaBoost 集成学习方法进行对比，其研究表明，逻辑回归虽然是最传统的一种方法，但在重要的性能指标上与集成学习方法相差不大。因此，本书将采用多种机器学习算法进行模型训练，最终选用表现最好的算法创建欺诈预警系统。下面介绍本书使用的六种机器学习算法。

(1) K 近邻（K-nearest neighbor，KNN）算法

K 近邻算法最初由 Cover 和 Hart（2003）提出，是一个理论上比较成熟的方法，也是最简单的机器学习算法之一。K 近邻算法的核心思想是，如果一个样本在特征空间中，与其最相邻的 K 个样本中的大多数属于某一类，则该样本也属于这个类别，并且具有这个类别上样本的特征。该方法的分类决策仅仅依据最邻近的一个或者几个样本的所属类别来判断未知样本所属的类别。根据 K 近邻算法在分类决策上的特点——极少量的相邻样本作为判断准则，而不是按照判别类域的方法来确定所属类别，因此 K 近邻算法更加适用于类域交叉或重叠较多的待分样本集。另外，K 近邻算法和决策树算法一样，不仅可以用于分类，也能够做回归。预测的决策方式是 K 近邻算法在回归和分类上的主要区别。在分类预测时，常用多数表决法，即选择训练集中和预测的样本特征最近的 K 个样本，标记其中类别数最多的类作为最终分类；而在回归时，采用选择平均法，即选择最近的 K 个样本的输出均值作为最终回归预测值。

(2) 支持向量机（support vector machine，SVM）算法

支持向量机算法以统计学理论作为基础，它是 Cortes 和 Vapnik（1995）在 20 世纪 90 年代提出的一种通用的机器学习方法。支持向量机算法在解决模型泛化、小样本学习中有着良好的表现，常用来分析分类和回归中的数据，近年来普遍适用于文本分类和人脸识别等领域。

支持向量机算法的基本思想是通过简单的线性分类器划分样本空间。

它通常会采用核函数映射的方法来处理线性不可分的情况，即将样本从低维空间映射到高维向量空间。具体来说，给定一组训练样本，每个样本都带有二分类标签，支持向量机算法通过训练来创建一个模型，该模型能够为新的待分样本预测标签，使其成为非概率二元线性分类器。支持向量机算法可以将样本表示为空间中的点，在映射时可以保证单独类别的实例被尽可能宽的间隔分开。然后，把新实例映射到同一空间，并根据其所处空间的那一侧来判断所属类别。支持向量机算法的目标即找到距离分割超平面最近的点，并且和超平面的距离尽可能大，该距离称为间隔（margin）。换言之，支持向量机算法根据最大化分类间隔来设计分类决策面，这样不仅能保证正负实例分开，而且有足够大的置信度将难以分类的实例点分开。

（3）逻辑回归（logistic regression，LR）

逻辑回归是一种最常用的分类算法而不是回归算法。对连续值进行预测可以使用线性回归，如通过土地面积对房价进行预测。现实生活中还有一种常见的问题——分类问题。分类问题中最简单的是二分类问题，即是或否，如用户是否欺诈、交易是否合理、能否发放贷款、邮件是否垃圾邮件等。逻辑回归的分类通常是根据自变量来预测一个离散型因变量的值，也就是根据数据集拟合一个逻辑函数（logit function）来预测一个事件发生的概率。因此预测结果为一个概率值，其输出值介于 0 到 1。逻辑回归既能用于分类，也能进行概率预测。有部分机器学习算法如支持向量机则只能用于分类，其返回结果只能是 1 或者 -1。而可能性预测能够得到更加客观的结果，使得分类结果更容易解释而非绝对化。以线上欺诈为例，在得到不同用户欺诈的可能性后，能够得到 N 个最大欺诈可能性。即便结果中的可能性都一致趋于高或低，通过该种方式，就可以得到结果中最重要的部分。解决分类问题时，逻辑回归模型可以设定一个阈值，通过与阈值比较来分类，概率比阈值高的是一类，比阈值低的是另一类。逻辑回归因其易于实现、解释性好以及容易扩展等优点，被广泛应用于点击率预估、计算广告、推荐系统以及金融风控等任务中。

（4）人工神经网络（artificial neural network，ANN）

人工神经网络是20世纪80年代以来人工智能领域兴起的研究热点。从信息处理的角度来看，人工神经网络将人脑神经元网络抽象为某种简单模型，不同的节点（或称神经元）之间相互连接，并且按连接方式的不同组成不一样的网络。在神经网络中，每个节点都可以表示一种特定的输出函数，称为激励函数（activation function）。同时，每两个节点间的连接都存在一个连接信号的加权值，该权重反映了神经网络中记忆的保留度。由于网络的连接方式，权重值和激励函数的不同将产生不一样的网络输出。近年来，随着研究的深入，人工神经网络取得了很大的进展，其良好的智能特性的应用涉及多个领域，包括模式识别、自动控制、生物、医学、经济等，解决了诸多复杂的实际问题。常用的人工神经网络模型有感知神经网络、BP神经网络和线性神经网络等，其中BP神经网络（back-propagation nenral network）是目前最流行的神经网络学习算法。BP神经网络的网络结构是一个前向多层网络，其学习过程包括了信号的正向传播与误差的反向传播。进行正向传播时，样本从输入层传入，通过隐藏层的处理后，再传递到输出层。如果实际输出与期望输出不一致，则再进行误差的反向传播阶段，即通过特定形式把输出的误差通过隐藏层再反向传递回输入层。过程中得到的各层单元的误差信号将作为各单元调整权值的依据。在BP算法中，信号的正反向传递以及权重修正过程反复进行，直到满足算法的终止条件，如误差在预设范围内或满足学习次数。调整权重的过程，即网络的学习过程。

（5）决策树（decision tree，DT）

决策树算法的基本思想是分而治之（divide and conquer）。在面对较复杂的分类预测问题时，决策树算法能够通过从结构上把树分支节点附上判断条件，从而划分为不同的子集达到分类的目标。在判断划分子集的过程中，节点上的划分规则开始较为泛化，随着树的深度增加，逐渐简化。算法在满足一定条件时可以终止，如树的深度达到最大、数据集全部划分完毕或最终的样本已经属于同一元组等。这些使算法停止的条件称为停止规则（stopping rule）。在决策树完全生成以后，可以采用自上而下或者自下而上的剪枝法（pruning）去除冗余，简化算法流程。另外，为了使决策树算法能够达到较好的效果，划分初始节点的选取也很重要。决策树算法容易可视化表达、直观、可解释性高，并且在解决实际问题中，不难发现决策树算法的速度常优于其他算法。因此，这些特点使其更适合大型数据集的应用，在模型测试时对运行速度有需求的也可以考虑使用决策树算法。然而，每个算法都有自己的缺陷，决策树算法也不例外。尽管决策树算法是个优秀的分类算法，但是单一的决策树算法中可能精确率很低，且会产生过拟合。正是由于决策树算法容易带来过拟合以及预测效果不佳的问题，该算法也曾遭遇学术界的冷落。近年来，随着集成学习（ensemble learning）的发展和大数据时代的到来，应用决策树算法时，其缺点由于技术的更新被逐渐克服，其优点的发挥空间进一步被扩展。

（6）随机森林（random forest，RF）

随机森林作为应用频率较高的一种算法，是解决实际问题的重要手段。该算法反映了集成学习的思路，简言之即把多棵树集成到一起的算法。随机森林算法中的每棵树都是不同的分类器，森林中全部的决策树返回结果的众数决定了随机森林算法最终返回的分类类别。具体来说，在随机森林算法中，主要运用的集成算法是Bagging。通常在初始数据集 D 中随机抽取样本数量相同的数据集，这个过程一共进行 k 次，且每次抽样为有放回抽样。返回结果为 k 个新的数据集，将其生成为 k 棵分类树，以形成随机森林。对样本在不同的分类器上进行训练学习，并得到每棵树的分类投票，最终决定得票最高的类别作为预测结果。随机森林算法的本质是对决策树算法的提升，通过随机森林算法可以得出的泛化性较高的分类器。

预测分析包括预测模型的方法以及评估预测能力的方法，这些方法不仅有助于创建实际有用的模型，而且在理论构建和理论测试中与解释性建模一起发挥重要作用（Shmueli et al.，2011）。机器学习作为一种预测分析工具，可以从训练数据或以往的经验中自动学习隐藏的知识或模式。特别是在众包欺诈这一特殊的环境下，发起方以免费获取知识成果为目标，所有的陈述与沟通都是真实的需求，而目前已有的欺诈检测研究其目标大部分都是虚假的或虚构的。因此，为了探寻在众包欺诈背景下最有效的分类器，本书利用 Python 工具，采用上述常见的机器学习算法，并以准确率（accuracy）、精确率（precision）、召回率（recall）、F1 分数和 AUC 作为评价算法性能的具体指标，对比分析各个算法的性能，找到最优的算法，为模型的比较与最终预警框架的构建打下基础。

2.3　社会网络分析

在过去，"网络"的含义通常较为浅显而直白，通常指代网状物，也可形容系统内部结构相互交织、相互影响。后来，随着现代电子计算机和通信技术的不断发展，再结合"网络"本义所描述的形象特征，二者之间的共同点使得"网络"一词逐渐被特指为计算机网络。社会网络中的"网络"涵盖了社会个体间错综复杂的关系模式以及在此关系网络上具体形成的整个社会关系的结构形式，既可以描述内部关系相互交织、相互影响而形成的网络系统，也可以具体指代社会中的个体（Freeman，1979）。换言之，社会中不同的个体及其所形成的复杂社会关系被抽象成社会网络，每个个体在网络中的位置就是网络中的节点，社会关系的总体就是网络模型，不同个体间形成的社会关系就是节点与节点之间的连线。近几十年来，随着科技的发展和社会的进步，社会个体的生活以及个体所处的社会网络化趋势越来越明显，网络结构和网络节点的应用使得对社会网络的研究更加具有针对性和导向性。从简单直观的角度来看，本书中的社会网络可视为用户之间由于某种关系联结而成的网络结构。特别地，具体从网络的内部结构上来看，网络其实是由若干节点以及不同节点间的连线构成的，而节点和连线作为图形模型，可以分别模拟和表征社会中的个体以及个体间的特定关系。社会网络的构成和特征向来是社会网络分析与研究的基础。基于社会网络分析方法，社会网络主要由以下四个要素组成：

（1）节点（node），是指着每个行动者（actor）在社会网络中的位置，是社会网络中最小的单位。

（2）关系连接（relational tie），是指不同行动者之间相互的关联，这种关联是多样化的，如竞争关系、合作关系、亲戚关系、好友关系、同事关系等。

（3）二元结构（dyad），是指由两个行动者构成的关系结构，包括两者之间的距离、关系权重、方向性等属性，是社会网络中最简单也是最基本的结构，可以认为二元结构是进行社会网络分析的基础。

（4）关系（relation），是指整个群体中所有成员之间所有联系的总和。关系和关系连接的区别在于从宏观或微观的角度看待行动者之间的联系，关系连接是从微观的角度具体指代行动者之间相互的关联，关系则是从宏观的角度描述成对的行动者之间的关系连接的整体要素。

社会网络可用于各种复杂系统的分析和建模研究。朋友关系社会网络是用网络中的边表征社会个体之间的朋友关系；科研合作网络是用网络中的边表征科研人员之间的合作研究关系；电影演员的合作关系网络则是用网络中的边表征电影演员合拍电影的关系。在电子邮件网络中，网络的节点就是邮件地址，网络的边就是邮件信息从一个地址传递到另一个地址；在科研引文网络中，网络的节点就是文章，网络的边就是文章的引用。

作为在线社会网络的理论基础与方法支撑，复杂网络是大量真实系统的拓扑抽象。Watts 和 Strogatz（1998）最先提出了小世界网络模型（small-word），这是一种拥有高聚类系数的规则网络，且随机网络中的平均路径长度较短。而后，Barabasi 等（1999）提出了无标度网络的概念（scale-free），主要依据是现实世界中的节点的度数分布以幂律函数的形式呈现，并且在实际情况中往往只有小部分的节点会有较大规模的连接，而更常见的多数节点的连接节点很少。基于对复杂网络社区结构进行的相关研究，Newman 和 Girvan（2004）提出了不同的复杂网络社区相关的划分方法和新的评估划分质量的指标。

随着社会网络理论的不断扩充与发展，近年来各类新兴研究热点层出不穷，多位学者围绕类别丰富的在线社会网络站点的兴起与发展进行研究，为复杂网络理论体系增添了新的研究成果。在早期的社交网络研究中，网络结构的特征作为在线社会网络研究的重点引起了学者的重视。Mislove 等（2007）使用四个在线社会网络站点的数据，对网络结构特征分析展开了详细的研究，研究结果分别验证了连接度分布、幂律分布等特性。Kwak 等（2010）基于详细测量用户的出入度、连接的相互性等特征，来研究 Twitter 的结构特性，通过分析发现了 Twitter 的社会网络，其用户粉丝分布并不具备幂律分布的趋势。Ahn 等（2007）通过对三个在线社会网络进行翔实的数据分析，揭示了它们的连接特性和网络增长方式，具体的网络结构特征分析主要包括聚集系数、度相关性、平均路径等。

伴随社会网络研究的深入，科技和社会正在不断进步。社会网络关系的准确识别有助于更好地设计网络通信协议；建立符合社会网络特征的网络模型，有助于更加准确地模拟各种网络行为；社会网络结构的清晰认识与深入分析，有助于更好地理解与掌控各类社会现象，如病毒传播、信息传递等。近十年来，计算机技术的改革发展，推动着社会网络的研究迅速发展壮大。随着数据获取能力的不断增强，出现了更多更全的大型网络数据库，从而使数据工作者与研究人员可以分析处理的网络规模也从原来的几十至几百个节点上升到百万至千万级的规模。学科之间的相互渗透，跨学科研究的不断发展，也使不同领域的研究者可以接触到多个领域的数据，从而发现隐藏在庞大数据中的一般规律与价值。

社会网络分析对于在线社会网络用户行为特征的捕捉，对信息传播、影响力评估、网络欺诈检测等研究有着重要影响。根据用户的网络结构特性如点度中心度、中间中心度、接近中心度等中心性指标以及其他基本网络结构的评估方法进行用户分类已经被商业营销领域广泛应用（Callaway et al., 2000；谭晶, 2019），通过分析大量用户的信息或行为模式，能够对特定群体用户开展有针对性的商业营销策略，如精准化营销。Yang 和 Counts（2010）发现，用户的登录、更新频率等行为与网络信息传播的速度和规模密切相关。Zhou 等（2008）研究了影响用户发帖行为的三个因素，提出了一个动态概率模型来预测用户发帖行为的趋势，发现用户参与话题的行为具有较短的周期性，并且用户参与讨论的话题数量有限。Maia等（2008）使用YouTube的用户数据来分析用户行为，并基于信息浏览、分享等行为特征的相似性将用户分组，研究结果表明通过用户间的交互过程可以迅速识别关键的用户行为。Crandall等（2008）发现，在线社会网络中的用户，其行为倾向很大程度上会被用户的相似性和链接关系影响。Chen等（2007）发现博客内容、时间和用户资料等特征可以有效预测博客上的用户行为。Tanna和Ghodasara（2013）发现，用户的点击记录、网页访问日志与购买行为模式有关联。马林岭（2018）建立网络分析旅游类微博博主间的关注关系，对博主在网络口碑传播方面所起到的作用进行分析评价以及剖析其关系网络对网络口碑传播的作用。Zhang和Wang（2012）利用中文维基百科收集的面板数据，测量点度中心度、中间中心度、接近中心度以及用户的贡献量并进行回归分析，最终得出用户的网络位置强烈影响其贡献行为的结论。同样，Liu等（2017）以一个呈现核心—边缘网络结构的大众用户支持论坛为研究对象，通过建立数理模型进行验算，指出大量用户位于边缘位置，不同的节点位于不同的网络位置具有不同的关系行为。Koch等（2013）利用社会网络分析方法测量开放式政府平台用户的点入中心度和点出中心度作为划分社区用户类型的指标，发现不同类型用户的创新方案质量存在很大差异。此外，各种网络平台的兴起所带来的风险促使学者们对网络欺诈的检测方法进行了大量深入的研究，其中社会网络分析是一种非常有效的方法。Ku等（2007）通过计算基于K-核的凝聚子群社会网络分析方法，结合决策树模型来检测一个或多个欺诈者的组ID，并探查网络中的不寻常链接或关系。Morzy（2008）将密度作为一种基于社会网络分析的可信度进行度量，其算法通过拍卖中的行为发现了关系紧密的参与者集群。Peng等（2009）将互联网拍卖系统中的用户关系建模为有向交易图，通过过滤交易数据实时识别合谋的欺诈者。Yanchun等（2011）利用社会网络分析方法来检测淘宝网上评价系统中的虚假评论者之间的关系。Pak和Zhou（2014）的研究证实了欺骗者在线上网络中会有不同的社会结构，欺骗行为对大多数中心性指标都有影响，如欺骗者比说真话者会表现出更高水平的凝聚力。

通过对社会网络分析领域的部分研究文献的梳理可以发现，社会网络分析方法目前已经广泛应用于多个领域，包括营销、信息传播、影响力评估和网络欺诈检测等，其应用本质是根据一定的特征特别是网络结构特征对网络用户进行类别区分。不同网络位置的用户可能会有不同的线上行为，违规用户与合规用户相比可能会有不同的社会网络结构，如中心性、凝聚性与结构对等性。因此，在众包平台的社会网络中，具有欺诈意图的发起方有可能具有特殊的网络结构特征，本书希望通过社会网络分析方法探寻这些差异，并将这些差异有效地应用于欺诈预警中。

2.4　文献评述

本书以众包竞赛发起方欺诈检测研究为中心，涉及众包、线上欺诈检测、社会网络分析三个方面的内容。本章系统地梳理了各个方面的已有研究。第一，国内外学者对众包竞赛模式的研究已经取得了一定的成绩，从平台和工作者的角度对创新协调机制、参与动机和一系列风险控制等方面进行了较为全面和深入的研究。但由于研究时间尚短，研究视角及研究内容尚没有完全展开。第二，线上欺诈涉及多个领域，无论是金融领域的信用卡欺诈、财务报告欺诈还是通信领域的邮件欺诈，都受到了大量学者的关注，而在分类器的选择上，逻辑回归、支持向量机、随机森林、人工神经网络、集成学习方法等被广泛使用，但目前尚无在任何数据集上表现都绝对占优的方法（Alkhateeb et al., 2019）。机器学习作为一种预测分析工具，可以从训练数据或以往的经验中自动学习隐藏的知识或模式。特别是在众包欺诈这一特殊的环境下，发起方以免费获取知识成果为目标，所有的陈述与沟通都是真实的需求，而目前已有的欺诈检测研究其目标大部分都是虚假的或虚构的。因此，为了探寻在众包欺诈背景下最有效的分类器,本书利用 Python 工具,采用上述常见的机器学习算法,并以准确率(accuracy)、精确率(precision)、召回率(recall)、F1 分数和 AUC 作为评价算法性能的具体指标,对比分析各个算法的性能,找到最优的算法模型,为模型的比较与最终预警框架的构建打下基础。第三,社会网络分析方法已经应用于多个领域,无论是营销、信息传播、影响力评估还是网络欺诈检测,其本质都是根据一定的特征特别是网络结构特征对网络用户进行类别区分。不同网络位置的用户可能会有不同的线上行为,违规用户与合规用户相比可能会有不同的社会网络结构,如中心性、凝聚性与结构对等性。因此,在众包平台的社会网络中,具有欺诈意图的发起方可能有特殊的网络结构特征,本书希望通过社会网络分析方法探寻这些差异,并将这些差异有效地应用于欺诈预警中。

3 动静态环境下的语言与非语言线索在众包发起方欺诈检测中的价值探索

作为新兴知识经济中最著名和最成功的新商业模式之一,众包已经引起了学术界的广泛关注,引发了学术界对发起方、平台和工作者的研究。相对于平台和工作者,对发起方的研究并不多,现有的研究主要集中在发起方的绩效和策略上,而忽视了对其欺诈行为的发现和风险控制。针对众包发起方的欺诈行为构建有效的智能化检测机制,对保护工作者的知识成果,从而提高众包的参与度与促进开放式创新的持续发展是至关重要的。先前的研究证实了多种语言和非语言线索对多领域的线上欺诈检测是显著有效的。然而,无论是研究金融财报欺诈、电信欺诈、众筹发起方欺诈还是研究虚假评论,其研究对象都是以金钱为目的的欺诈方,其检测线索无论是文本语言线索还是其他信息特征,都有可能在众包竞赛这种以知识成果为驱动的欺诈用户检测环境中效果不佳或者失效。无论是在线上环境备受关注的语言线索,还是因获取难度大而关注度不高的非语言线索,在众包环境中都具有深入探讨的价值。因此,本章的研究目的在于验证各类别欺诈线索在众包竞赛环境中的有效性与价值。具体来说,3.1 节介绍了本章的研究背景;3.2 节梳理了广泛应用的四个欺诈理论;3.3 节提出了本章的研究假设;3.4 节介绍了本章以及后续章节的研究方法,包括数据与数据预处理以及预测模型与评估方法;3.5 节展示了实证检验与结果;3.6 节分析阐述了本章的研究结论;3.7 节对本章研究进行了总结。

3.1 研究背景

学术界对于欺诈识别与检测的研究从未间断,来自心理学、社会学、传播学和语言学等多个领域的研究为我们理解欺诈过程和欺诈检测提供了依据。过去面对面交流时具有可捕捉的生理线索,而现在基于互联网线上交流的匿名、远距离使得这类线索缺失,因此学者们越来越重视语言线索在线上欺诈识别与检测中的重要作用。无论是在电子邮件欺诈、拍卖欺诈,还是在众筹欺诈等不同的环境下,一些欺诈理论与模型都为深层次研究以互联网为介质的各个领域的欺诈行为奠定了基础。不同的欺诈检测理论有不同的侧重点,有的理论可能侧重于欺诈者的语言行为,而有的则侧重于非语言行为,有的可能基于静态环境的表述,而有的则关注在动态沟通中捕捉到的细节。大多数欺诈检测理论都涉及静态环境下的语言信息,从中提取的语言内容线索和语言结构线索,被证明对欺诈者的判断是有效的。同时,一些欺诈检测理论会更多地关注动态的面对面的交流环境中的非语言线索,即从人的动作、手势、面部表情等中捕捉到的线索,如微表情已经可以帮助警方判断罪犯是否在撒谎。欺诈者的心理、行为,以及在欺诈过程中有意或无意透露出的语言信息都为欺诈检测提供了分析依据。

如果欺诈者与普通人相比在语言或非语言行为上有不一致或者异常,同时将这些行为有效量化,那么欺诈就能够被自动化机制检测到(Johnson et al.,2001)。在众包竞赛的情况下,这种不一致或者异常在静态和动态环境中均可以被捕捉到,并且可以用常用的语言线索或更具体的非语言线索来表达。根据对面对面欺诈线索的研究分析,DePaulo 等(2003)证实了多种语言和非语言线索对欺诈检测是显著有效的。Ho 等(2016)发现线上欺诈也可以通过语言和非语言线索检测,如认知负荷、情感过程、反应延迟和重复。语言线索与口语或书面文本直接相关,而非语言线索则侧重于在一个人产生语言信息时所表现出的附属特征(Zhou et al.,2004)。

根据在线交流和面对面交流在同步性上的相似程度，面对面交流中的各种非语言行为可以映射到众包平台上的在线行为。虽然缺乏在面对面的环境中可以观察到的生理性的非语言线索，但是本书认为四因素理论（FFT）和泄露理论（LT）中的四个因素和泄露机制仍然可能与在线环境相关。例如，在面对面的交流中，说谎者为了确保一致性，倾向于长时间思考，也就是多停顿和长停顿，这一点我们可以在网上与电子邮件回复的时间间隔相匹配。比面对面交流更有利的是，线上环境还可以捕捉到用户的整个在线行为轨迹，如过去的参与行为或决策行为。先前的文献已经证实，各种语言线索，如单词、句子和自我参照的数量、情感，以及在线环境中的时间、空间和感知信息，都可以作为有用的欺诈检测指标（Hancock et al.，2009；Zhou et al.，2004b）。

然而，无论是研究金融财报欺诈、电信欺诈、众筹发起方欺诈还是研究虚假评论，其研究对象都是以金钱为目的的欺诈方，其检测线索无论是文本语言线索还是其他信息特征，都有可能在众包竞赛这种以知识成果为驱动的欺诈用户检测环境中效果不佳或者失效。无论是在线上环境备受关注的语言线索，还是因获取难度大而关注度不高的非语言线索，在众包环境中都具有深入探讨的价值。因此，本章的研究目的在于利用自然语言处理技术与Python工具，从上述结构化与非结构化数据信息中成功提取四类欺诈检测线索，从而探索动静态环境下的语言与非语言线索在众包竞赛发起方欺诈自动化检测中的价值，验证各类别欺诈线索在众包竞赛环境中的有效性。

3.2 欺诈理论概述

本节探讨了四个传统的欺诈理论，分别是信息操纵理论（IMT）、人际欺骗理论（IDT）、四因素理论（FFT）和泄露理论（LT）。

信息操纵理论（McCornack，1992）通常用于检测静态背景下发生的欺诈行为，如欺诈性新闻（Frieder et al.，2007）、欺诈性公司公告

(Humpherys et al., 2011) 和虚假网站（Zahedi et al., 2015）。人际欺骗理论（Buller et al., 1996）引入了一种同时利用语言与非语言线索识别欺诈的方法。虽然信息操纵理论（IMT）和人际欺骗理论（IDT）的语言线索都被广泛应用于各个领域的欺诈检测，但这两种理论之间存在一些差异。在进行欺诈检测时，人际欺骗理论更关注沟通渠道，也就是动态交互中的线索，而信息操纵理论则更关注静态环境中的语言线索。此外，四因素理论和泄露理论则更关注动静态环境中的非语言线索，这两个早期的理论认为非语言线索能够直接揭示交际者的真实意图。从心理学的角度来看，Zuckerman 和 Miron（1981）提出了欺骗动机的四个基本因素，泄露理论则认为在欺骗过程中，由于思维过程和情感反应，欺骗线索会被泄露（Ekman et al., 1969）。

尽管这些理论侧重于面对面的人际沟通，而不是专门针对在线通信（如描述性陈述和电子邮件）提出的，但它们为本书的欺诈检测线索提供了理论基础。表 3.1 展示了这些理论是否侧重于静态与动态交流的分析，以及是否侧重于使用语言或非语言线索作为欺诈检测的指标。可以看出，信息操纵理论（IMT）侧重于静态环境中的语言线索，因此适用于欺诈邮件、虚假评论的检测等；人际欺骗理论（IDT）侧重于动态和静态环境中的语言线索，因此适用于既有文本陈述又有对话沟通的场景，如现实生活中的电话诈骗或 QQ 诈骗等；相比之下，四因素理论（FFT）和泄露理论（LT）还包含了非语言线索，也就是除了语言内容及其附带信息外，表情、动作等肢体语言也成为重要线索，因此特别适用于罪犯审讯等场景。

表 3.1 欺诈理论

理论	传播角度侧重点		欺诈线索	
	静态	动态	语言线索	非语言线索
信息操纵理论（IMT）	√		√	
人际欺骗理论（IDT）	√	√	√	
四因素理论（FFT）	√		√	√
泄露理论（LT）	√	√		√

详细来说，McCornack 等（1992）从信息操纵理论（IMT）中的通信角度分析了欺诈行为。信息操纵理论（IMT）关注的是相关目标和情境压力如何影响人际表达，并最终导致欺骗性语言信息的形成和实施。其指出，欺诈者违反了日常真实表达预期的四个关键沟通原则。第一，欺诈者倾向于定量地使用过少或过多的信息，并试图隐藏或歪曲有效信息。第二，欺诈者提供的信息质量是可疑的，并且有可能全部为谎言。第三，欺诈者所呈现的信息不完全与当前主题相关，或者在上下文中不可理解，其目的是隐藏真相，或者误导接收者。第四，欺诈者所传达的信息是模棱两可的，而不是清晰明了的。本书认为在众包环境中，项目发起方在进行项目需求陈述或与潜在工作者进行通信时会涉及上述沟通原则，具有欺诈意图的发起方也会违反这四个沟通原则。

人际欺骗理论（IDT）被用来解释、预测和识别人际交往情景中的说谎行为（Buller et al., 1996）。该理论将欺骗定义为欺诈者试图通过信息、行为和形象的精心操控，来使沟通的接收者接受一个虚假的信息或者结论。该理论认为，欺骗和发现欺骗是沟通者之间你来我往、进行互动的过程。欺骗行为实际是一种策略性行为。信息发送者尽力去操控虚假信息的传递，他们时刻担忧会被对方识破。同时，信息的接收者会检验信息的有效性，对发送者传递的信息的真实性持怀疑态度。因此，欺诈者为了避免谎言被揭穿，会采取一系列的策略来控制传递的信息。这些策略包括：

（1）质量操控（quality manipulations），是指通过减少形容词和副词，将句子的意义变得模棱两可，使其完全或者部分偏离事实。

（2）数量操控（quantity manipulations），是指通过减少词语和句子，变得沉默寡言，缩短谈话时间，避免提供过于丰富的细节信息。

（3）清晰操控（clarity manipulations），是指通过采用较多互相矛盾、模糊不清甚至晦涩难懂的语言，表现出较多的不确定性。

（4）相关操控（relevance manipulations），是指通过采用冗余的细节信息或过多的不相关语言，如礼貌用语，来增加语言的间接性和非相关性。

（5）去个性化操控（depersonalism manipulations），是指利用不同的表

达方式，使自己和谈话内容相分离，如回避使用第一人称，或倾向于使用被动语态。

（6）形象和关系维护行为（image and relationship protection behavior），是指尽量使自己具有诚实可信的形象，尽量避免传递出负面情感。

该理论具有丰富的文本特征和交互性，为本书中众包平台的文本分析奠定了基础，也为通过平台的邮件通道分析项目发起方与工作者之间的互动信息交流打下了良好的基础。

此外，泄露理论（LT）和四因素理论（FFT）则更关注沟通中的非语言线索，认为非语言线索可以直接揭示交际者更真实和更深刻的意图。Ekman和Friesen（1969）提出的泄露理论（LT）主要关注欺诈行为中由于思维过程和情感反应而泄露的非语言欺诈检测线索。该理论认为，基于生理学的影响，欺诈者不能成功地完全掩盖欺诈行为引起的身体运动和面部表情的异常。在四因素理论（FFT）中，Zuckerman和Miron（1981）从心理学的角度，确定了欺诈发生的四个潜在因素，包括唤醒、尝试控制、情感反应、认知因素。欺诈者在说谎时会感到焦虑和兴奋（如说话重复、犹豫），这是人类神经系统的自然反应，可能是由于害怕被发现或者自身价值观和行为之间不一致，也与他们试图通过控制自己的行为来过度补偿有关。欺诈者在说谎时还会有混合的情绪反应（如内疚、欺骗快感）。此外，隐藏谎言所遇到的认知负担也会反映在外部（如用更长的停顿时间来思考）。

这些理论所探讨的欺诈检测因素本质上把欺诈者无意中表现出来的语言和非语言线索分了类。毋庸置疑，线上环境中主要是通过语言文本进行交流，具有欺诈行为的发起方在陈述项目需求以及与工作者沟通时很可能泄露语言线索。虽然缺乏在面对面的环境中可以观察到的生理性的非语言线索，但本书认为，鉴于发起方、项目和中标者的基本特征等信息是在众包平台的各个通信渠道中无意或有意传递出的，四因素理论（FFT）和泄露机制（LT）仍然可能起作用。根据在线交流和面对面交流在同步性上的相似程度，面对面交流中的各种非语言行为可以映射到众包平台的在线行为上。相比面对面交流，线上环境具有的优势是可以捕捉到用户的整个在线行为轨迹，如过去的参与行为或决策行为。因此，本书将非语言行为定义为包含传统的如延迟响应等非语言行为，以及线上环境中特有的用户的整个行为轨迹的一系列行为。通过提取、量化这些行为所产生的信息，本书进一步研究有效的线上欺诈检测线索。

3.3 研究假设

上述理论为制订检测众包发起方欺诈行为的解决方案提供了依据。众包作为一个线上平台，在上述欺诈理论分类的基础上，为探索四种类型的欺诈检测线索提供了一个完整的环境。因此，本书考虑到平台上非语言行为中包含的丰富信息，提取出与项目发起方和中标者相关的各种线索。此外，众包项目的流程兼具静态和动态两种环境，发起方会在静态环境下发布预先准备好的项目描述，以告知众包工作者项目需求，并且随着项目的推进，发起方和工作者之间的互动行为也会动态发生（通过平台电子邮件）。具体来说，基于上述四种欺诈理论及其在线上环境的扩展应用，本书所研究的众包平台上的在线信息包含四个维度，即静态语言信息、动态语言信息、静态非语言信息和动态非语言信息，如表 3.2 所示。

表 3.2 众包平台中的信息

类别	语言信息	非语言信息
静态	项目陈述	发起方、项目以及中标者的基本信息
动态	发起方与参与者的往来邮件	发起方在众包过程中的典型行为或信息

Siering 等（2016）认为，语言线索对检测欺诈性众筹项目是有效的，并报告了常用的一系列语言线索。语言线索通常被分为基于内容和基于结构两种，基于内容的语言线索侧重于"传达的内容"，而基于结构的语言线索则关注"如何传达"（Zhou et al.，2008a）。与欺诈性众筹等以金钱为

目的的欺诈不同，众包发起方欺诈的目的是免费从工作者那里获得解决方案，也就是以知识成果为目标。由于发起方的需求是真实的，因此从真实信息中提取的基于内容的语言线索可能是没有区分度的。但是，由于欺诈意图的存在，基于结构的语言线索（如句子的简单程度或信息中的情感）可能更加有效。因此，针对知识成果驱动的众包欺诈，本章试图探讨语言结构线索在这一特殊语境中的作用。如人际欺骗理论（IDT）和信息操纵理论（IMT）所述，具有欺诈行为的发起方可能会使用较少的单词和句子或使用非即时的语言来与他们的信息内容保持距离、撇开关系，如缺少代词，尤其是第一人称代词。此外，众包平台的动静态兼具的环境为研究不同类型线索在在线欺诈检测中的重要性提供了良好的基础。具体地说，从语言信息中提取的静态语言线索是指发起方预先准备好上传的项目文本描述，通过这些文本描述，工作者可以了解项目的需求和应用场景。从语言信息中提取的动态语言线索是指项目发起后发起方与工作者在平台上的邮件文本信息。根据上文所讨论的理论和以往的欺诈检测研究，本书认为从动态和静态上下文中提取的语言线索对欺诈检测都是有价值的。因此，本章提出以下研究假设：

假设3-1a（H3-1a）：静态语言线索对于检测众包竞赛发起方的欺诈行为具有重要价值。

假设3-1b（H3-1b）：动态语言线索对于检测众包竞赛发起方的欺诈行为具有重要价值。

与面对面交流相比，线上互动既有优点也有缺点，线上环境可以捕捉到用户的整个在线行为轨迹。如果能够提取出有效的用户在线行为，描述用户的个人信息，就能够准确地判断出用户的类型与特点，这种技术已经被广泛应用于推荐系统的营销推广中，即什么样的用户群适合什么样的产品。同样，我们也可以根据用户的网络行为特征来判断哪些用户有潜在的欺诈意图。因此，本章也会考虑平台上所有非语言线索的有效性，进行可靠的比较和分析。由于传统的非语言线索，如手势和表情，无法获得，基于线上环境，本章将从线上非语言的信息中提取的线索整合并定义为非语言线索。详细来说，本书定义的线上非语言线索分为两类：一类是用户自身的属性特征，如姓名、年龄等；另一类是用户在平台上的在线行为特征，如过去的参与和互动记录。在众包竞赛中，项目的基本信息是发起方的决策行为，因此也包含在发起方的属性特征中。具体而言，非语言线索中的静态非语言线索是指发起方的基本信息，包括注册时间、注册地点、好友数量、参与过的项目数量。在众包环境中，发起方与中标者之间存在许多共谋的欺诈情况。因此，中标者的基本信息也将被纳入静态非语言线索维度。动态非语言线索是指众包项目过程中典型的发起方行为或信息，包括项目持续时间、奖励金额、邮件回复时间、补充说明、中标顺序等。项目持续时间和奖励金额被设定为动态非语言线索，因为当发起方意识到他们必须吸引更多的工作者时，这两个属性可以被修改。这些非语言线索非常全面地描述了用户的在线形象。例如，一般来说，一个有很多朋友、参与过多个项目并及时回复消息的发起方可以被认为是相对可靠的。因此，本章认为动态和静态的非语言线索对于欺诈检测都是非常重要的。因此，本章提出以下研究假设：

假设 3-2a（H3-2a）：静态非语言线索对于检测众包竞赛发起方的欺诈行为具有重要价值。

假设 3-2b（H3-2b）：动态非语言线索对于检测众包竞赛发起方的欺诈行为具有重要价值。

众包平台的在线环境给我们提供了一个比较不同类型线索价值的机会。例如，在众包竞赛中，非语言线索所形成的个人形象可以更好地揭示发起方是否有欺诈意图，尤其是动态环境下的决策行为是很难掩饰的。"行动胜于雄辩"，也就是说，发起方实际所做的比他们说要做的更有分量。尽管各种语言线索在区分欺诈和非欺诈对象上表现出显著差异，但四因素理论（FFT）和泄露理论（LT）认为，非语言线索可以直接揭示交流者的真实意图，欺骗者在动态环境中更容易泄露线索，而在静态环境中，他们更容易有所准备（Fuller et al., 2011）。Fiol（1995）的研究也证明了与交互性强的动态环境相比，欺诈者更倾向于在静态环境下创造良好的形象。同理，在众包平台上，利用用户特征、项目特征和其他非语言线索之间的差异能更有效地发现发起方的欺诈行为，而从动态上下文中提取的线索也可能更有价值。因此，本章提出以下研究假设：

假设 3-3a（H3-3a）：非语言线索比语言线索对于检测众包竞赛发起方的欺诈行为更具有价值。

假设 3-3b（H3-3b）：动态线索比静态线索对于检测众包竞赛发起方的欺诈行为更具有价值。

3.4 研究方法

3.4.1 数据与数据预处理

本书的数据来自 2006 年 9 月 7 日至 2017 年 1 月 24 日一个匿名的中国知名在线众包平台，该平台拥有大约 1 100 万会员和 51 万多个发布项目，项目总金额接近 60 亿元。本书主要针对该平台众包竞赛项目中发起方的欺诈行为进行研究。数据包含 380 393 个众包项目和 198 961 个发起方，数据存储在 SQL Server 数据库中，包括公告表、中标表、项目表、好友表、参与小组表、往来邮件表等数据信息。为了得到目标数据集，本书进行了数据预处理。首先，在对数据进行预处理之前，剔除尚未完成的项目，得到 82 500 个已完成的竞赛项目。其次，从平台用于公布欺诈项目的公告表中提取项目 ID 和中标人 ID。再次，通过匹配项目表中的每个项目 ID 来识别每个发起方，并通过匹配用户表中的中标人 ID 来提取每个中标人。由于公告表中的一些欺诈项目是重复的或没有中标人 ID 的，一共提取出 569 个完整有效的欺诈项目样本。最后，从原始的不平衡数据集中随机选择 569 个合规的项目，形成一个新的平衡数据集。

建立平衡数据集的原因是，在数据不平衡的情况下，少数类样本的数量远少于多数类样本，从而会产生更多的稀疏样本（那些样本数很少的子类中的样本）。由于缺乏足够的数据，分类器对稀疏样本的刻画能力不足，难以有效地对这些稀疏样本进行分类。数据不均衡导致的分类器决策边界偏移也会影响到最终的分类效果，也就是对不平衡数据分类效果进行评估时，由于传统分类算法以总体分类准确率为学习目标，因此会过多地偏重多数类，使得数据中少数类样本的分类性能降低。不平衡数据广泛存在于各个领域，在二分类问题中尤其常见，表现为其中的一个类别所占的比例远远高于另外的一个类别。事实是，在很多存在数据不平衡问题的任务中，研究者往往更需要关注机器学习模型在少数类上的表现。制造业领域的缺陷产品检测任务，医疗领域的病例研究任务以及各种类型的欺诈检测任务，都是希望使用机器学习方法从大量的常规样本中检测出其中少数异常的样本，异常的样本在所有样本中的占比可能只有百分之一或者千分之一甚至更低。而在欺诈检测的任务里，则只关心机器学习模型对少数类（欺诈用户）的查准率和查全率，并不在意模型在多数类（合规用户）上的表现。因此，本书通过编写的 Python 程序进行数据处理，最终构建了一个包含 1 138 个实例的平衡数据集。

详细来说，数据集包含欺诈和正常选标两种结果的众包项目。欺诈项目的数据处理流程如下：从公告表中获取经举报后平台确认的欺诈项目 ID，抽取项目的发起方和中标人用户名，通过用户名在用户基本信息表中获取与之匹配的用户 ID。以项目 ID 为索引搜索众包任务中的项目信息，一方面通过自然语言处理技术从项目介绍文本中获取发起方的静态语言行为数据，另一方面获取项目金额、持续时长等发起方静态非语言行为数据。通过用户 ID 整合用户参与众包任务表、用户参与小组表、用户好友表和用户基本信息表，得到如用户历史参与项目数量等静态非语言行为数据。利用用户 ID 在往来邮件表中获取用户往来邮件的次数等动态非语言行为数据。同时，对发起方在众包项目开始前一个月到结束后一个月期间的往来邮件进行处理，得到文本特征等动态语言行为数据。数据预处理流程如图 3.1 所示。

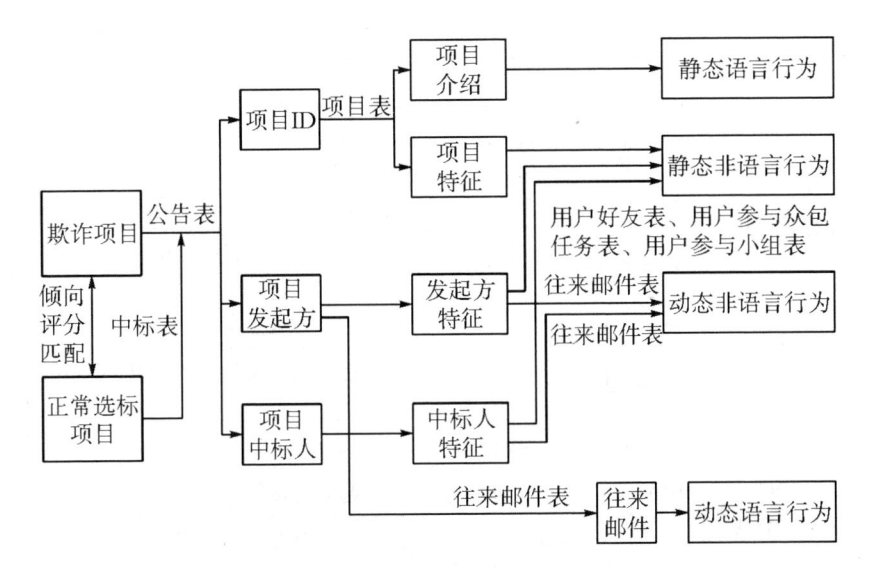

图 3.1 数据处理流程

对于静态非语言特征，本书关注将发起方或中标人的以下三个方面：用户档案中是否提供真实的个人信息（如真实姓名、性别、自我介绍）；平台上的行为（如好友数量、发起方或投标人历史参与项目数量、其他人点击的次数）；发起方或中标人是否参与平台小组。

根据众包竞赛项目的过程，将发起方和中标人各自的决策行为以及他们之间的互动行为划分为动态行为，提取为动态非语言特征，包括：项目持续时长、项目奖励金额、邮件回复时长、项目是否有附加说明、中标顺序、项目发布与中标人注册的时间比较、中标人和发起方是否为相同的注册省份。表 3.3 列出了非语言特征的描述。

表 3.3 非语言特征的描述

分类	特征	解释
项目信息	pro_total_amount	项目奖励金额
	pro_duration	项目持续时长

表3.3(续)

分类	特征	解释
发起方信息	sponsor_has_truename	发起方是否有真实姓名，1=是，2=否
	sponsor_sex	发起方性别，1=男，2=女
	sponsor_has_introduction	发起方是否有自我介绍，1=是，2=否
	sponsor_hits	发起方的被点击量
发起方信息	sponsor_has_group	发起方是否参与平台小组，1=是，2=否
	sponsor_projects_quantity	发起方历史参与项目数量
	friends_sponsor_quantity	发起方好友数量
	pro_has_extraintro	项目是否有补充说明，1=是，2=否
	pro_extraintro_length	补充说明文本长度
	msg_quantity	发起方往来邮件数量
	msg_reply	发起方邮件回复时长
中标人信息	in_last10（15，20，25，30）per of all projects	中标人中标位置在全部项目提交的最后10%（15%，20%，25%，30%），1=是，2=否
	winner_has_truename	中标人是否有真实姓名，1=是，2=否
	winner_gender	中标人性别，1=男，2=女
	winner_has_introduction	中标人是否有自我介绍，1=是，2=否
	winner_hits	中标人的被点击量
	winner_has_group	中标人是否参与平台小组，1=是，2=否
	winner_projects_quantity	中标人历史参与项目数量（项目发布之前）
	friends_winner_quantity	中标人好友数量
	regist_after_releasetime	中标人在项目发布后注册，1=是，2=否
	is_same_province	中标人和发起方是否为相同的注册省份，1=是，2=否

对于语言特征，本书依照Siering等（2016）定义的类别来计算各种语言线索。更具体地说，本书根据信息操纵理论（IMT）、人际欺骗理论（IDT）、四因素理论（FFT）和泄露理论（LT），归纳了14个特征线索，并将其划分为6个结构，即复杂性、非即时性、特异性、影响、多样性和数量。复杂性是指句子的简单程度，通过句子中的字数和标点符号来衡量；非即时性是指信息的间接性，它可能会阻碍信息接收者获得确定或准确的信息；特异性是指使用与感知和感官有关；影响是指信息中的情感影响；多样性是指措辞的多样性；数量是指产生信息的数量。另外，由于汉语与英语文本处理的差异，汉语自然语言处理中不存在拼写错误或不确定词汇，本书排除了Siering等（2016）研究中的3个英文特征线索。

本书利用汉语语言查询和词数统计工具（Chinese-language inquiry and word count, Chinese LIWC）对语言线索进行了处理（黄金兰等，2012），Chinese LIWC是在LIWC创始人Pennebaker的授权下修订的，主要由2个部分组成，即程序主体和词典。其中，词典定义了词语列表和词语归属的类别，程序通过导入文本将文本中的词语与词典进行一一比对，并计算输出每个维度的词语占总体词语数量的比例。最初，LIWC主要被用于心理学领域，预测心理学相关的变量（Kahn et al.，2007），例如，当撰写积极经历时，作者会使用更多的积极情绪词；而作者在撰写消极事件时，则会使用更多的负面情绪词（Tausczik et al.，2010）。Newman等（2003）开创性地将其用于谎言识别领域，并发现说谎的人的表述中更有可能出现负面情绪词和动词，而更少出现第一人称代词和排除词。随着基于互联网的各种通信模式被广泛应用于商业与工业界，Hancock等（2007）利用LIWC对计算机中介通信中的欺骗行为进行了识别检测，发现欺诈者使用的字词数量相对更多，因为其常常需要充分的描述使对方信任自己的表达内容。黄金兰等（2012）依据原英文版LIWC词典建立的基本程序，经各阶段严谨的反复检验，删除中文中不适用的类别（如冠词、各种动词时态），对保留下来的类别词逐一翻译并增加同义词，然后加入了一些中文特有类别（如数量单位词、语尾助词）。最终，中文版LIWC词典包括42个心理类别

(如情感过程词、认知过程词、生理过程词等)和 30 个语言类别(如人称代词、连词、介词等),约 6 800 个字词。目前,该词典对于一般的书写文本已有八成以上的检测率(高锐 等,2013)。

自然语言处理(natural language processing,NLP)来源于语言学理论和计算机技术的融合,通过量化分析非结构化的文本内容,不仅能够降低大量的时间成本,还能有效降低对文本内容评价时的主观性。因此,本书通过自然语言处理技术,即现有的中文版 LIWC 词库获取计算文本特征所需类别词的列表。具体来说,计算语言特征的步骤如下:首先,分割文本并标记,以句号为划分句子的标准,计算一段文本的句子数量,去掉文本中的停用词,获取标点符号的数量。其次,进一步进行分词。文本分析的首要任务就是分词,中文的表达和英文单词有所差异,相较而言词与词的连接繁多而复杂,因此需要采用专业的中文分词算法和工具。本书使用的是目前较为成熟也广泛使用的 Python 自然语言处理第三方包结巴分词包(http://pypi.org/projrct/jieba),通过对每一条文本进行分词,得到和文本一一对应的词列表。最后,使用 Python 编写程序,利用中文版 LIWC 词库,将获取的词列表和待计算的文本特征中所需要的词的类型的列表进行匹配,计算相关指标。表 3.4 列出了语言特征的描述与计算方法。

表 3.4 语言特征的描述与计算方法

类别	特征	解释
影响	affect_ratio	正负面词与总词数对的比例
	pos_affect	正面词汇与词汇总数的比例
	neg_affect	负面词汇与词汇总数的比例
复杂性	avg_sentenceLength	每句话的平均字数
	avg_wordLength	每个单词的平均字数
	pausality	标点符号与句子总数的比例
多样性	lexical_diversity	不同单词的数量与总单词数量的比例

表3.4(续)

类别	特征	解释
非即时性	group_reference	连接到组的单词（如我们、我们的、咱们等）与单词总数的比例
	individual_reference	与个人相关的单词的比例，即第一人称（如我、本人、自己等）、团体（如我们、我们的、咱们等）和读者（如你、你的、你们、你们的等）与单词总数的比例
	self_reference	连接到第一人称说话人的所有单词（如我、我自己、本人等）与单词总数的比例
数量	sentence_quantity	所有句子的数量
	verb_quantity	所有动词的数量
	word_quantity	总词数
特异性	perceptual_information_and_sensory_ratio	与感知和感官相关的单词数量与单词总数的比率

将以上语言与非语言特征放入4个维度的分类中，如表3.5所示，其中静态语言特征有14个，静态非语言特征有16个，动态语言特征有15个，动态非语言特征有8个。

表3.5 四个维度的特征分类

	语言	非语言
静态	affect_ratio_static pos_affect_ratio_static neg_affect_ratio_static avg_sentenceLength_static avg_wordLength_static pausality_static lexical_diversity_static group_reference_ratio_static individual_reference_ratio_static self_reference_ratio_static sentence_quantity_static verb_quantity_static total_words_quantity_static perceptron_ratio_static	Year Province winner_has_truename winner_sex winner_has_introduction winner_hits winner_has_group winner_projects_quantity friends_winner_quantity sponsor_has_truename sponsor_sex sponsor_has_introduction sponsor_hits sponsor_has_group sponsor_projects_quantity friends_sponsor_quantity

表3.5(续)

	语言	非语言
动态	affect_ratio_dynamic pos_affect_ratio_dynamic neg_affect_ratio_dynamic avg_sentenceLength_dynamic avg_wordLength_dynamic pausality_dynamic lexical_diversity_dynamic group_reference_ratio_dynamic individual_reference_ratio_dynamic self_reference_ratio_dynamic sentence_quantity_dynamic verb_quantity_dynamic total_words_quantity_dynamic perceptron_ratio_dynamic pro_buchong_length	in_last10（15，20，25，30）per of all projects pro_total_amount pro_duration pro_has_extraintro msg_amount msg_reply regist_after_releasetime is_same_province

3.4.2 预测模型与评估方法

为了检测众包竞赛中发起方的欺诈行为，本章与后续研究中涉及数据处理与机器学习模型的部分均利用Python工具，使用了第2章中介绍的常见的机器学习分类器：K近邻（KNN）、支持向量机（SVM）、逻辑回归（LR）、人工神经网络（ANN）和随机森林（RF）。本书中的机器学习分类器的详细参数设置如下。

K近邻（KNN）分类器中，使用距离其k个最近数据的多数来对实例进行分类，本书选择3为k的阈值和欧几里得距离作为距离度量来评估模型。支持向量机（SVM）（Cortes et al., 1995）分类器中，本书使用径向基函数（radial basis function，RBF）内核，由于数据集不是线性可分的，必须设置两个相关的参数：γ和C。其中，γ为默认值，参数C用于权衡"训练样本的正确分类"与"决策函数的边际最大化"两个不可同时完成的目标，找出平衡点让模型的效果最佳，并避免过度拟合，本书中$C=10$。人工神经网络（ANN）分类器中，网络由相互连接的人工神经元组成，每个神经元接受输入并由激活函数处理，激活函数计算输入的权重，然后确定输出。本书使用神经元数目的默认设置，用100个神经元建立了一个隐层神经网络模型，在训练集和测试集上都显示了良好的性能，得到了很好的分类测度，同时避免了过度拟合。同时，本书还利用了一个sigmoid激活函数和一个经典的神经网络训练过程，即通过前向传播来计算代价函数和权重，通过反向传播梯度下降来最小化代价。随机森林（RF）分类器中，通过综合比较不同决策树分类器的预测结果来进行分类，本书使用多数投票模型（majority voting model），当大多数分类器投票给某个类时，集成模型将实例标注为该类，并以选择最多的标签作为实例的标签（Breiman，2001）。

本书使用10折交叉验证来避免在超参数调整和模型选择过程中生成训练集和验证集的过度拟合。在 k 折交叉验证过程中，将整个数据集分成 k 个具有相同类分布的子集，$k-1$ 子集作为训练数据集，剩余子集用于测试。先前文献中常用的经验法则是 $k=10$，在本书中也采用这个数值。重复这个过程 k 次后，可以获得混淆矩阵，如表3.6所示。

表3.6 混淆矩阵

类别	实际为欺诈项目	实际为非欺诈项目
预测出的欺诈项目	真正（true positive，TP）	假正（false positive，FP）
预测出为非欺诈项目	假负（false negative，FN）	真负（true negative，TN）

对于最常见的二分类混淆矩阵是2×2的矩阵。其中，真正（true positive，TP）是指模型预测为正、实际为正的样本；假正（false positive，FP）是指模型预测为正中、实际为负的样本；假负（false negative，FN）是指模型预测为负、实际为正的样本；真负（true negative，TN）是指模型预测为负、实际为负的样本。例如，TP代表所有预测的欺诈项目中是真实欺诈项目的数量，FP代表项目被预测为欺诈但实际数据集中并不是欺诈的项目。

基于混淆矩阵，可以计算准确率（accuracy）、精确率（precision）、召回率（recall）、F1分数（F1 score）、AUC等（Kotsiantis，2007）。

准确率（accuracy），是最常用的分类性指标：

$$\text{Accuracy} = \frac{TP+TN}{FP+FN}$$，即预测正确的正反样本数/样本总数。

精确率（precision），也称查准率：

$$\text{Precision} = \frac{TP}{TP+FP}$$，即预测正确的正样本数/预测出的正样本总数。

召回率（recall），也称查全率：

$$\text{Recall} = \frac{TP}{TP+FN}$$，即预测正确的正样本数/实际正样本总数。

F1 分数（F1 score）是精确率和召回率的调和平均数，精确率和召回率越接近，F1 分数越大，最大值为 1，最小值为 0：

$$F1 = 2 \cdot \frac{\text{Precision} \cdot \text{Recall}}{\text{Precision} + \text{Recall}}$$

此外，由于不平衡分布中的多数类可能会影响准确度的测量，不适合于模型评价。例如，假设有 100 个样本数据，其中 98% 的样本的标签为 1，剩余 2% 的样本的标签为 0，如果此时分类器将所有样本数据的标签都判定为 1，则分类器的精确率高达到 98%，然而，该分类器事实上并不能真正有效地识别出标签为 0 的样本，因此采用可视化二元分类器的性能的 AUC 来衡量整体性能（Bradley，1997）。AUC，即接收者操作特征（receiver operating characteristic，ROC）曲线下面积，取值在 0.5 到 1，值越大，则性能越好。具体计算方式是在随机抽取正负样本各 1 个的情况下，分类器预测得到正样本的概率大于负样本概率的可能性。

在本书中，如果一个项目在某个机器学习分类器中被预测为欺诈，并且实际上标记的类别是欺诈，那么这是一个真正的欺诈项目，TP 是由一个分类器预测结果中的真实积极项目的总数。因此，在欺诈检测的任务中，需要关注的是精确率（查准率），即所有预测为欺诈项目中真实欺诈项目的比例，以及召回率（查全率），即从原始实际欺诈项目中被识别出的真实欺诈项目的比例。

3.5 实证检验与结果

3.5.1 描述性统计

本节描述了本章数据集的各种特性。数据包含 1 138 个项目，其中一半是通过平台公告板公示发起方具有欺诈行为的欺诈项目。如表 3.7 所示，非欺诈项目的最高奖励金额是非欺诈项目的 7.5 倍，而非欺诈项目奖励金额的平均值是欺诈项目的 1.6 倍左右。此外，平均而言，欺诈项目比非欺诈项目具有更长的持续时间和补充说明。

表 3.7 项目特征的描述性统计

	特征	样本量	均值	标准差	最小值	最大值
欺诈	项目奖励金额	569	486.92	705.84	50.00	10 664.00
	项目持续时长	569	24.43	31.45	1.00	254.00
	补充说明长度	569	247.12	365.31	0.00	2 578.00
非欺诈	项目奖励金额	569	773.71	3 631.21	0.00	80 000.00
	项目持续时长	569	12.33	20.53	1.00	372.00
	补充说明长度	569	148.24	300.82	0.00	2 762.00

如表 3.8 所示，相比非欺诈发起方，具有欺诈行为的发起方的平均被点击量更少，历史参与项目数量更多，好友数量也更多。另外，欺诈发起方与非欺诈发起方在往来邮件数量上存在差异，且在邮件回复时长上存在较大差异，即欺诈发起方的回复时长比非欺诈发起方长。

表 3.8 发起方特征的描述性统计

	特征	样本量	均值	标准差	最小值	最大值
欺诈	发起方被点击量	569	623.21	829.14	22.00	11 049.00
	发起方历史参与项目数量	569	5.01	23.43	0.00	352.00
	发起方好友数量	569	0.72	2.31	0.00	31.00
	发起方往来邮件数量	569	10.61	12.52	0.00	91.00
	发起方邮件回复时长	569	3.00	3.92	0.00	41.30
非欺诈	发起方被点击量	569	1 447.92	8 368.83	0.00	192 610.00
	发起方历史参与项目数量	569	3.00	32.21	0.00	731.00
	发起方好友数量	569	0.54	1.42	0.00	14.00
	发起方往来邮件数量	569	16.70	46.20	0.00	545.00
	发起方邮件回复时长	569	1.73	2.82	0.00	19.30

如表 3.9 所示，非欺诈中标人的被点击量约为欺诈中标人的 213 倍。同样，非欺诈中标人的平均历史参与项目数量是欺诈中标人的近 143 倍，而好友数量则是 47 倍左右。中标人的统计数据指向性较为一致，可以说，欺诈项目的中标人在平台上相对不活跃。

表 3.9 中标人特征的描述性统计

	特征	样本量	均值	标准差	最小值	最大值
欺诈	中标人被点击量	569	302.12	670.81	0.00	8 129.00
	中标人历史参与项目数量	569	7.42	40.00	0.00	812.00
	中标人好友数量	569	0.31	1.53	0.00	20.00
非欺诈	中标人被点击量	569	64 265.83	225 719.83	9.00	2 716 883.00
	中标人历史参与项目数量	569	1 057.22	2 007.32	0.00	13 781.00
	中标人好友数量	569	14.64	82.31	0.00	796.00

本章还进行了单因素方差分析，以比较欺诈和非欺诈项目的相关统计

数据。结果发现,表3.7、表3.8和表3.9中的所有变量除了发起方项目数量(F值=1.425,p值=0.233>0.001)外,其他变量都存在显著差异。这个数据集适用于进一步的预测研究。

3.5.2 实证结果

表3.10、表3.11和表3.12列出了经过10折交叉验证的不同机器学习分类模型的预测得分。如上所述,本章研究基于静态和动态环境、非语言和语言线索,构建不同的分类模型,并通过准确率(accuracy)、精确率(precision)、召回率(recall)和F1分数来评估模型的性能。表3.13展示了麦克尼马尔检验(McNemar test)(Everitt,1992)的结果,比较了不同分类模型的性能。由于在数据中标签平均分布,本章研究使用随机猜测作为基线,即所有的测量值都是0.5。通常而言,随机森林(RF)模型在结构化数据的情况下是性能最好的分类器,本章研究中亦是如此。

表3.10展示了动、静态环境中语言线索在各个分类模型中的预测结果。从静态语境中提取的语言线索是指从项目文本描述中提取的线索,从动态语境中提取的语言线索则是从发起方和工作者之间的信息中提取的线索。从静态语境中提取的语言线索的预测指标除K近邻(KNN)与逻辑回归(LR)模型的精确率为85%与89%以外,其他分类器的指标均大于90%,远优于随机猜测。其中,随机森林的精确率最高,达到94%。因此,静态语言线索对于检测众包竞赛中发起方的欺诈行为具有重要价值(H3-1a)。同时,从动态语境中提取的语言线索在欺诈检测中也是有价值的(H3-1b),但是精确率比静态语境下的低,所有分类器的精确率都低于90%,其中,逻辑回归(LR)分类器的精确率最高,为89%,同时随机森林具有最高的召回率,达到91%。总的来说,随机森林(RF)分类器中所有预测为欺诈项目中真实欺诈项目的比例与从原始实际欺诈项目中被识别出的真实欺诈项目的比例均在90%左右。因此,与以往的研究(Zhou et al.,2004a;Zhou et al.,2008a,2008b)一致,从语言信息中提取的线索在线上欺诈检测中确实非常有效。

表 3.10 动、静态环境中语言线索在各个分类模型中的预测结果

类别	分类器	准确率（accuracy）	精确率（precision）	召回率（recall）	F1 分数（F1 score）
静态语言线索	KNN	0.881 6	0.853 7	0.921 1	0.886 1
	LR	0.921 1	0.893 4	0.956 1	0.923 7
	SVC	0.912 3	0.912 3	0.912 3	0.912 3
	ANN	0.921 1	0.928 6	0.912 3	0.920 4
	RF	0.934 2	0.938 1	0.929 8	0.933 9
动态语言线索	KNN	0.837 7	0.846 8	0.824 6	0.835 6
	LR	0.828 9	0.894 7	0.745 6	0.813 4
	SVC	0.859 6	0.879 6	0.833 3	0.855 9
	ANN	0.872 8	0.882 9	0.859 6	0.871 1
	RF	0.877 2	0.852 5	0.912 3	0.881 4

表 3.11 展示了动、静态环境中非语言线索在各个分类模型中的预测结果。从静态环境中提取的非语言线索是指从发起方、项目和中标人信息中提取的非语言特征；动态环境中的非语言线索是指众包项目过程中的发起方或者中标人的决策行为。表 3.11 中列出的静态非语言线索精确率除 K 近邻（KNN）分类器外均大于 80%，其中，随机森林（RF）精确率达到 96%，其召回率达到 95%，这意味着所有预测为欺诈项目中真实欺诈项目的比例与从原始实际欺诈项目中被识别出的真实欺诈项目的比例均在 95% 以上，因此从静态中提取的非语言线索在众包发起方欺诈行为检测中具有较高的价值（H3-2a）。而动态非语言线索精确率稍低，所有分类器均未达到 85%，相较而言，逻辑回归（LR）分类器表现最好，精确率为 84%，召回率为 87%，这也证实了从动态中提取的非语言线索在众包发起方欺诈行为检测中也具有较高的价值（H3-2b）。结果表明，非语言线索是检测线上欺诈的有力预测因素，这与虚假在线评论检测的结论一致（Zhang et al., 2016），也就是用户在线上的活动轨迹与行为记录对于违规用户的识别是非常有效的。

表 3.11 动、静态环境中非语言线索在各个分类模型中的预测结果

类别	分类器	准确率（accuracy）	精确率（precision）	召回率（recall）	F1 分数（F1 score）
静态非语言线索	KNN	0.815 8	0.776 9	0.886 0	0.827 9
	LR	0.894 7	0.857 1	0.947 4	0.900 0
	SVC	0.881 6	0.832 1	0.956 1	0.889 8
	ANN	0.881 6	0.842 5	0.938 6	0.888 0
	RF	0.956 1	0.964 3	0.947 4	0.955 8
动态非语言线索	KNN	0.793 9	0.807 3	0.771 9	0.789 2
	LR	0.850 9	0.839 0	0.868 4	0.853 4
	SVC	0.846 5	0.831 9	0.868 1	0.849 8
	ANN	0.820 2	0.817 4	0.824 6	0.821 0
	RF	0.842 1	0.836 2	0.850 9	0.843 5

表 3.12 和表 3.13 分别展示了所有分类器在语言线索与非语言线索以及静态线索与动态线索中的预测结果。表 3.12 中所有分类器的结果均表明，使用语言线索的模型比使用非语言线索的模型具有更高的精确率，同时除 K 近邻（KNN）模型外，使用语言线索的模型比使用非语言线索的模型还具有更高的召回率。相反，表 3.13 的结果表明，不同的分类器表现不完全一致。K 近邻（KNN）、逻辑回归（LR）、支持向量分类（SVC）模型中，静态线索的精确率小于动态线索；而人工神经网络（ANN）、随机森林（RF）模型中，静态线索的精确率大于动态线索。此外，所有分类器中，静态线索的召回率均大于动态线索。值得一提的是，随机森林（RF）分类器的综合表现是最好的，不论是对于哪一类线索的检测，都具有超高的精确率和召回率。

表 3.12 语言线索 VS. 非语言线索的预测结果

类别	分类器	准确率（accuracy）	精确率（precision）	召回率（recall）	F1 分数（F1 score）
语言线索	KNN	0.890 4	0.923 8	0.850 9	0.885 8
	LR	0.938 6	0.938 6	0.938 6	0.938 6
	SVC	0.943 0	0.972 0	0.912 3	0.941 2
	ANN	0.960 5	0.964 6	0.956 1	0.960 4
	RF	0.960 5	0.973 0	0.947 4	0.960 0
非语言线索	KNN	0.833 3	0.816 7	0.859 6	0.837 6
	LR	0.864 0	0.860 9	0.868 4	0.864 6
	SVC	0.899 1	0.917 4	0.877 2	0.896 9
	ANN	0.907 9	0.904 3	0.912 3	0.908 3
	RF	0.956 1	0.972 7	0.938 6	0.955 4

表 3.13 静态线索 VS. 动态线索的预测结果

类别	分类器	准确率（accuracy）	精确率（precision）	召回率（recall）	F1 分数（F1 score）
静态线索	KNN	0.894 7	0.840 9	0.973 7	0.902 4
	LR	0.916 7	0.886 2	0.956 1	0.919 8
	SVC	0.925 4	0.907 6	0.947 4	0.927 0
	ANN	0.943 0	0.946 9	0.938 6	0.942 7
	RF	0.978 1	0.982 3	0.973 7	0.978 0
动态线索	KNN	0.890 4	0.940 6	0.833 3	0.883 7
	LR	0.886 0	0.907 4	0.859 6	0.882 9
	SVC	0.925 4	0.929 2	0.921 1	0.925 1
	ANN	0.912 3	0.935 2	0.886 0	0.909 9
	RF	0.943 0	0.924 4	0.964 9	0.944 2

为了检验不同类型线索模型之间的性能是否的确具有显著差异，本章研究进行了麦克尼马尔检验（McNemar test），比较了不同分类器的预测精确率（Everitt，1992）。如表 3.14 所示，语言和非语言线索在 K 近邻

(KNN)模型中的比较,p值小于0.1,即在0.1的水平上具有显著差异;语言和非语言线索在逻辑回归(LR)、人工神经网络(ANN)模型中的比较,p值小于0.05,即在0.05的水平上具有显著差异;语言和非语言线索在支持向量回归(SVC)、随机森林(RF)模型中的比较,p值大于0.1,即没有显著差异。相反,动、静态线索的比较结果中,除了随机森林(RF)模型(p值=0.099<0.1),其他的分类模型均没有显著差异。而表现最好的随机森林(RF)模型中,静态线索的预测精确率是要优于动态线索的,这点与前文的假设H3-3b不一致。研究结果为假设H3-3a和H3-3b提供了依据,然而本章的预期假设没有得到支持,因为大部分分类器的结果证实语言线索比非语言线索更有价值,而动态线索在检测欺诈性众包项目中的价值不及静态线索。

表3.14 麦克尼马尔检验(McNemar test)结果

分类器	语言 VS. 非语言		静态 VS. 动态	
	chi2	p-value	chi2	p-value
KNN	2.717	0.099	0.000	1.000
LR	5.953	0.015	0.800	0.371
SVC	2.250	0.134	0.029	0.864
ANN	4.033	0.045	1.091	0.296
RF	0.000	1.000	2.722	0.099

综上所述,以上研究结果表明,动静态环境中的语言线索与非语言线索,对于检测众包平台上发起方的欺诈行为都是有价值的。此外,语言线索的预测效果是最好的。假设检验的结果汇总如表3.15所示,线索的价值有效性相关假设H3-1a、H3-1b、H3-2a、H3-2b均得到支持,而价值对比相关假设H3-3a与H3-3b均未得到支持,且差异显著的部分分类器中,比较结果与原假设相反。

表3.15 假设检验结果汇总

类别	语言线索	非语言线索	
静态线索	H3-1a：支持	H3-2a：支持	H3-3b：不支持（动态不优于静态）
动态线索	H3-1b：支持	H3-2b：支持	
	H3-3a：不支持（非语言不优于语言）		

为了在更真实的平台环境中验证以上结果，本章研究进一步使用了原始的不平衡数据集，其中欺诈项目的比例为0.69%。结果如表3.16至表3.20所示。由于不平衡分布中的多数派数据可能会影响准确率的度量，不适于模型评价，因此主要采用可视化二元分类器性能的ROC曲线下面积（AUC）来衡量整体性能（Bradley，1997）。

表3.16 动、静态环境中语言线索在各个分类模型中的预测结果（不平衡数据集）

类别	分类器	精确率（precision）	召回率（recall）	F1分数（F1 score）	AUC
静态语言线索	KNN	0.984 4	0.504 0	0.666 7	0.752 0
	LR	0.172 4	0.080 0	0.109 3	0.538 5
	SVC	0.985 7	0.552 0	0.707 7	0.776 0
	ANN	0.672 0	0.672 0	0.672 0	0.834 7
	RF	0.798 1	0.664 0	0.724 9	0.831 4
动态语言线索	KNN	0.419 4	0.104 0	0.166 7	0.551 5
	LR	0.391 3	0.288 0	0.331 8	0.642 3
	SVC	0.542 9	0.152 0	0.237 5	0.575 5
	ANN	0.479 3	0.464 0	0.471 5	0.730 1
	RF	0.418 8	0.392 0	0.405 0	0.693 9

表 3.17 动、静态环境中非语言线索在各个分类模型中的预测结果（不平衡数据集）

类别	分类器	精确率（precision）	召回率（recall）	F1 分数（F1 score）	AUC
静态非语言线索	KNN	0.446 4	0.200 0	0.276 2	0.599 1
	LR	0.000	0.000	0.000	0.500 0
	SVC	0.000	0.000	0.000	0.500 0
	ANN	0.000	0.000	0.000	0.499 9
	RF	0.643 5	0.592 0	0.616 7	0.794 7
动态非语言线索	KNN	0.250 0	0.080 0	0.121 2	0.539 1
	LR	0.533 3	0.128 0	0.206 5	0.563 6
	SVC	0.777 8	0.056 0	0.104 5	0.527 9
	ANN	0.468 1	0.176 0	0.255 8	0.587 2
	RF	0.352 9	0.192 0	0.248 7	0.594 7

表 3.18 语言线索 VS. 非语言线索的预测结果（不平衡数据集）

类别	分类器	精确率（precision）	召回率（recall）	F1 分数（F1 score）	AUC
语言线索	KNN	0.811 6	0.448 0	0.577 3	0.723 6
	LR	0.607 5	0.520 0	0.560 3	0.758 7
	SVC	0.891 1	0.720 0	0.796 5	0.859 7
	ANN	0.897 2	0.768 0	0.827 6	0.883 7
	RF	0.950 0	0.760 0	0.844 4	0.879 8
非语言线索	KNN	0.416 7	0.080 0	0.134 2	0.539 6
	LR	0.439 0	0.144 0	0.216 9	0.571 3
	SVC	0.800 0	0.032 0	0.061 5	0.516 0
	ANN	0.459 5	0.272 0	0.341 7	0.634 8
	RF	0.949 0	0.744 0	0.834 1	0.871 8

表 3.19　静态线索 VS. 动态线索的预测结果（不平衡数据集）

类别	分类器	精确率（precision）	召回率（recall）	F1 分数（F1 score）	AUC
静态线索	KNN	0.892 3	0.464 0	0.610 5	0.731 8
	LR	0.490 0	0.392 0	0.435 6	0.694 4
	SVC	0.973 3	0.584 0	0.730 0	0.791 9
	ANN	0.807 0	0.736 0	0.769 9	0.867 3
	RF	0.942 9	0.792 0	0.860 9	0.895 8
动态线索	KNN	0.783 8	0.232 0	0.358 0	0.615 8
	LR	0.584 2	0.472 0	0.522 1	0.734 7
	SVC	0.888 9	0.448 0	0.595 7	0.723 8
	ANN	0.653 5	0.664 0	0.658 7	0.830 7
	RF	0.745 3	0.632 0	0.684 0	0.815 2

表 3.20　麦克尼马尔检验（McNemar test）结果（非平衡数据）

分类器	语言 VS. 非语言		静态 VS. 动态	
	chi2	p-value	chi2	p-value
KNN	24.322	0.000	10.782	0.001
LR	5.608	0.018	2.064	0.151
SVC	57.398	0.000	6.300	0.012
ANN	62.791	0.000	7.692	0.006
RF	0.018	0.894	18.824	0.000

如表 3.16 和表 3.17 所示，无论是基于静态还是动态环境的语言和非语言线索，对于检测具有欺诈行为的众包发起方都是有价值的，这与平衡数据集的结果一致。此外，所有分类器的结果都显示基于语言线索的模型比非语言线索的模型具有更高的 AUC 测量值，麦克尼马尔检验（McNemar test）证实语言线索和非语言线索的模型之间存在显著差异。值得一提的是，与平衡数据结果一致，随机森林（RF）模型的 p 值远大于 0.1，意味着不具有显著差异，这可能是由于随机森林（RF）模型在语言和非语言线

索检测中都表现突出。

然而，与平衡数据集中静态线索并不明显优于动态线索的结果不同，原始不平衡数据集中的静态线索比动态线索更有价值。也就是说，虽然在两种数据集中，使用静态语言线索的模型的精确率/AUC指标都高于使用非语言线索的模型，但在平衡数据中，差异是不显著的。也就是说，在平衡数据中使用静态和动态线索的模型性能差异不显著，在不平衡数据中变得显著。由于平衡数据集和非平衡数据集的欺诈项目数据源是相同的，结果（H3-3b）变化的可能原因是随着数据量的增加，不平衡数据的合规项目中特征值的分布发生了变化。

3.6 研究结论

结果表明，本章研究中的分类模型都能够很好地解决众包竞赛中发起方欺诈检测的问题。静态语言线索对于检测发起方的欺诈行为具有重要价值（H3-1a）。在预测效果方面，所有分类模型的预测精确率都很高，最低的KNN模型准确率为88%。特别是随机森林模型的最高精确率为94%，这意味着所有预测为欺诈的项目中有94%确实是欺诈项目。同时，动态语言线索的所有模型的预测精确率都在80%以上，这表明动态语言线索对于检测发起方的欺诈行具有重要价值（H3-1b）。但可以看出，与静态语言线索相比其精确率不是很高，这可能归因于众包平台的特点，也就是发起方和工作者可以在平台外进行交流，如使用手机和其他即时通信工具，而这些信息无法用于本章研究进行分析。此外，发起方对优秀作品的渴求保证了大部分语言信息的真实性，这在一定程度上减少了语言线索的泄露。因此，如果能够更全面地捕捉到发起方与工作者之间的动态沟通，将有助于提高预测的准确性。与Siering等（2016）的发现一致，各种语言线索，如单词和句子的数量、情感和在线环境中的感知信息，都可以作为有用的指标（Hancock et al., 2009; Zhou et al., 2004）。虽然本书没有纳入语言信息的内容线索，但考虑到发起方的目的是为了获得一个满意的解决方案，通过发起方的欺诈意图所泄露的语言结构线索足以分辨出他们与合规者之间的差异。

静态和动态的非语言线索对于检测发起方的欺诈行为都具有重要价值（H3-2a、H3-2b）。无论是基于静态还是动态的非语言线索，预测精确率都是合理的，这表明发起方和中标人的特征提取是非常有效的。Bockstedt等（2015）提出，工作者的基础信息和提交行为会影响他们中标的机会。Yang等（2011）发现，在任务期限内提前或推迟提交的工作者比其他工作者更容易赢得奖励；他们还发现，员工的过去经验是未来获胜概率的一个很好的预测因素。因此，如果发起方选择基本信息不在预期范围内的中标人，很可能就涉嫌欺诈，中标人通常是发起方的共谋者或者是发起方本人。从表 3.9 可以看出，欺诈项目的中标人确实是经验不足、工作积极性较低的工作者。同时，欺诈项目的发起方相对活跃、经验丰富，这意味着发起方可能在参与过程中发现了这一机会，并希望从中获利。因此，在线上欺诈检测中，非语言线索是不可忽视的，用户的线上行为可以像表情、手势和动作一样有效。

非语言线索不能比语言线索提供更多的价值来检测众包发起方的欺诈行为（H3-3a），而动态线索不能比静态线索提供更多的价值来检测众包发起方的欺诈行为（H3-3b），因此假设 H3-3a 和 H3-3b 都不成立。虽然预测效果相差不大，但与前文的假设预期截然相反，也与 Zhang 等（2016）的线上虚假评论检测研究的结论不一致。究其原因，可能是在线上虚假评论的环境下，评论人经常使用同一个账号进行频繁的虚假评论操作，而在众包背景下，由于欺诈项目与虚假评论的数量差异巨大，某个账号的欺诈行为可能不会重复发生，过往的参与行为没有虚假评论行为那样明显的差异性，因此结果表明，语言线索比非语言线索更有价值，静态线索比动态线索更有价值。

静态线索与动态线索的预测精确率差异不大，可能是动态线索获取不完全所致。此外，这也证实了以往研究更多关注语言线索的原因，即在网络环境下，语言线索确实是一种更丰富的表达方式，不易伪装。同时，虽然我们无法像面对面的情况那样获取表情、手势等传统的非语言线索，但互联网具有历史记忆，线上用户的一系列行为也将为欺诈行为的甄别提供有效依据。虽然在众包环境中的欺诈行为可能是临时起意，过往行为信息的参考价值不如当期更为直接表达的语言线索，但是其效用依然不能被忽视。因此，在线上环境下，无论是语言线索还是非语言线索，无论是动态环境还是静态环境，任何信息只要能被捕捉到，都应该得到充分的获取和有效的利用。同时，在原始不平衡数据集下的模型结果也验证了上述结论。

3.7 本章小结

众包作为新兴知识经济中最著名和最成功的新商业模式之一，引起了学术界的广泛关注，包括对发起方、平台和工作者三方参与者的研究。与平台和工作者相比，对发起方的研究并不多，现有的研究主要集中在发起方的业绩和策略上，而忽视了欺诈行为的检测和风险控制。本章基于信息操纵理论（IMT）、人际欺骗理论（IDT）、四因素理论（FFT）和泄露理论（LT）等欺诈理论，结合众包平台线上环境的特点，对众包竞赛中发起方的欺诈行为进行了研究。首先，本章利用自然语言处理技术与量化方法从平台的结构化与非结构化数据信息中提取线索特征。众包作为一个线上平台，为探索四种类型的欺诈检测线索提供了一个完整的环境，所研究的众包平台上的在线信息包含四个维度，即静态语言线索、动态语言线索、静态非语言线索和动态非语言线索。其次，基于平衡数据和原始非平衡数据的各种机器学习模型的应用，通过对静态和动态语境中的语言线索和非语言线索进行对比分析，从而探索众包竞赛发起方欺诈自动化检测中动静态环境下的语言与非语言特征的价值。结果证实了语言线索比非语言线索更有价值，静态线索比动态线索更有价值，并且这四种线索都是高效的，线上欺诈监测中不应该忽视其中任何一种。

　　本章研究以众包发起方欺诈行为为研究对象，加深了对众包竞赛模式的经验洞察，通过对静态和动态语境中的语言线索和非语言线索进行对比分析，本章研究首次证实了传统的语言线索在知识成果为导向的线上欺诈检测中的有效性，同时重新定义了线上的非语言线索的范围，扩展了欺诈检测理论的理论边界，也丰富了众包领域的相关研究。针对线上欺诈的智能化的检测方案，对于潜在的工作者来说，减少了在欺诈项目中的损失，有利于提高优秀众包工作者的中标率，激发和保持他们持续参与众包项目的热情，维持和增强众包平台多样化创新源。

　　然而，虽然本章研究证实了多种欺诈线索在知识成果驱动的欺诈检测中的有效性，但是在实际应用方面也存在明显的不足。与先前的大量线上欺诈检测一致，本章模型是事后检测，也就是在欺诈行为发生后进行的确认性检测。而真正的风险控制在于更为有效的事前预防与事中控制。如果能进一步在发起方的欺诈意图产生时就及时确认并采取措施，那么就能有效避免后续欺诈行为的产生以及降低纠纷处理成本。

4 基于流程视角的众包发起方欺诈防控与预警

上一章的研究结果证实了各类欺诈线索在众包竞赛环境中的有效性，本章将进一步弥补其在实际应用中的不足，从事前预防与事中控制着手，实时捕捉众包发起方产生的欺诈意图，并及时采取相应措施，有效避免后续欺诈行为的产生以及降低纠纷处理成本。因此，本章从流程视角来检测众包发起方的欺诈行为，根据时序性特征的特点，重点研究众包竞赛不同阶段的输入-处理-输出（I-P-O）模型，并构建一个智能化欺诈检测框架，通过对众包竞赛的自动跟踪和监控，实现对风险因素的全程控制和预警。具体来说，4.1 节介绍了本章的研究背景；4.2 节提出了本章的研究问题；4.3 节介绍了本章的研究方法；4.4 节展示了实证检验与结果；4.5 节完成了在不同数据集中的稳健性检验；4.6 节构建了预警系统；4.7 节分析阐述了本章的研究结论；4.8 节对本章的研究进行了总结。

4.1 研究背景

在众包背景下，发起方的目标是免费获得解决方案，发起方欺诈意图产生的时间是不确定的，可能是在项目开始之前，也可能是在项目实施的过程中。在众包项目的不同阶段，可获取的语言和非语言信息的数量和价值是不同的。因此，根据不同阶段的信息获取特点对发起方的欺诈意图进行更为清晰的探索，可以提前防范和控制风险。

一些学者对众包过程进行了研究。Thuan 等（2015）构建了一个业务流程众包的企业本体框架。Amrollahi（2016）通过整合之前众包文献中涉及的所有活动流程，提出了一个 11 阶段的众包过程模型。Ghezzi 等（2018）采用流程视角框架来解释众包研究。流程视角是基于输入-处理-输出（I-P-O）模型的框架（McGrath，1964），它有助于区分整个流程活动的前因、主要组成部分和结果，这与众包竞赛项目的发起、提交、评选阶段相对应，且每个阶段具有其典型的用户行为特征。

在众包竞赛中，企业或个人通过众包平台发布自己的需求任务，并提供资金来招募优秀人才完成任务。同时，知识型人才可以针对自己感兴趣或擅长的任务选择并提交解决方案，并在发起方评选中获胜即中标后获得一定数量的奖励。具体而言，众包竞赛分为三个阶段，即发起阶段、提交阶段和评选阶段。在发起阶段，发起方在平台上发布项目、需求描述、奖励和项目持续时间；在提交阶段，在项目得到平台批准后，工作者针对他们想要解决的任务提交解决方案；在评选阶段，发起方可以查看所有提交的解决方案，并选择最合适的一个，通过公示期则给该方案的提交者发放奖励。众包竞赛的过程如图 4.1 所示。

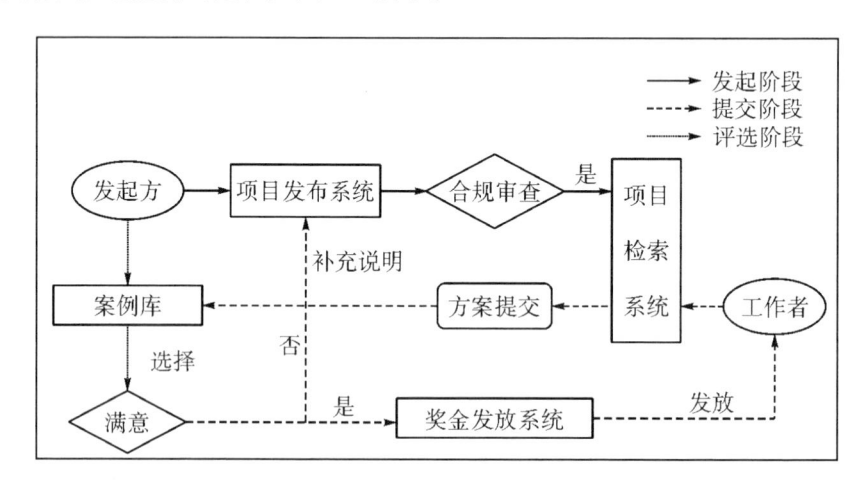

图 4.1 众包竞赛的过程

发起方（具有特定任务或问题的组织或个人）陈述项目背景与需求，并提供资金来招募优秀人才解决问题，从流程视角来说，这就是输入阶段（Geiger et al.，2014）。在这个阶段，平台要求发起方将奖励托管，如果发起方违反规则（拒绝方案选择或与中标人串通），平台有权将奖励分配给工作者。大量研究者研究了发起方的策略选择，如奖励金额、项目时长的设定等（Al-Hasan et al.，2017；Ayaburi et al.，2019；Pee et al.，2018）。Chandler 和 Kapelner（2013）通过研究工作者的动机来探究应该如何吸引更多的工作者以及得到更多高质量的方案。Singer 和 Mittal（2013）研究了一些机制与工具，通过在这一阶段执行某些自动化流程来进行自动定价和任务划分。

对于众包竞赛的处理阶段，发起方可以查看所有提交的解决方案，也可以与工作者进行沟通，针对性地修改方案等。在这一阶段，部分学者研究了一些鼓励和激励工作者的方法，来吸引更多工作者的投稿（Hossain，2012；Tokarchuk et al.，2012）。Yang 等（2009）认为，发起方对已提交方案的反馈可以激励工作者付出更多努力，从而提高工作者所提交的众包方案的质量。侯文华和郑海超（2012）的研究发现，发起方与工作者的沟通可以增加提交作品的多样性。此外，Harhoff 等（2003）研究了一个重要而有争议的问题，即知识成果的保护。工作者创造的知识成果是一种无形资产，因此会受到"阿罗信息悖论"的影响，其指出"信息对购买者的价值需要购买者了解才能确定，但是购买者一旦充分掌握该信息是否具有购买价值，信息的价值就会丧失，因为本质上信息发生了转移却没有对信息的生产者给予奖励"（Arrow，1972）。同样的，发起方需要事先对工作者提供的所有解决方案有详细和完整的了解，才能最终选择最佳解决方案，这为发起方提供了在不支付奖励的情况下窃取解决方案的机会。然而，目前众包平台制定的规则对发起方知识产权的保护力度远远超过工作者知识产权（Massanari，2012），这导致产生了潜在的冲突源，也就是发起方欺诈情况的发生（Trompette et al.，2008）。

发起方进行评估并最终选定一个最满意的解决方案，则该方案的提供者为中标人并获得奖励，这就是输出阶段（Blohm et al., 2011；Poetz et al., 2012）。发起方和工作者的利益被视为产出阶段的关键问题（Djelassi et al., 2013；Wang et al., 2018）。一些研究已经关注到众包工作者的能力评估以及方案质量问题，提出了构建人才素质匹配模型、众包信用评价指标体系和众包工作者作弊处理框架（Kurup et al., 2020；郎宇洁，2012；朴春慧 等，2009）。Heimerl 等（2012）从声誉评估出发，提出在众包平台上通过工作者的好评率对工作者的等级进行划分，如果评分过低则可能被拉入平台黑名单。值得注意的是，本书中的众包平台针对方案质量管理也具有一定措施，即中标方案将公示 7 天，接受监督举报，公示期满后，由平台发放奖励。同时，若在公示期内确认发起方的违规行为（拒绝方案选择或与中标人串通），则之前的选标结果无效，平台有权要求发起方重新选标或将奖励直接分配给其他工作者。因此，即使在输出阶段，仍然有机会通过中标人的非语言特征（如提交顺序）来确定该项目是否为欺诈项目。

综上所述，本章试图填补研究空白，进一步弥补实际应用中的不足，从事前预防与事中控制着手，实时捕捉众包发起方产生的欺诈意图，并及时采取相应措施，有效避免后续欺诈行为的产生以及降低后续的纠纷处理成本。本章从流程视角出发，重点研究基于输入-处理-输出（I-P-O）框架的众包竞赛不同阶段中发起方的欺诈意图与行为的产生，同时通过数据挖掘技术和机器学习方法，来检验语言和非语言线索在线上分阶段众包欺诈检测中的价值。该框架通过对众包竞赛的自动跟踪和监控，实现对风险因素的全程控制和预警，降低发起方的欺诈率，减少工作者的不满，提高工作者的参与度，从而促进众包平台的发展和提高众包用户的积极性，并进一步推动开放式创新。

4.2 研究问题

为了及时捕捉众包发起方的欺诈意图，建立有效的欺诈预警系统，本章基于前文所述的几个欺诈理论和众包竞赛中的三个阶段，获取每个阶段特有的时序性的语言和非语言信息，提出了一个如表 4.1 所示的输入-处理-输出（I-P-O）框架来进行欺诈预警与检测。

表 4.1 基于众包过程的输入-处理-输出（I-P-O）框架

阶段	信息	来源
输入阶段	项目的文字描述	静态语言信息
	发起方的基本信息	静态非语言信息
	项目期限和奖励金额	动态非语言信息
处理阶段	发起方与工作者之间的邮件文本信息	动态语言信息
	邮件的回复时间和补充说明	动态非语言信息
输出阶段	中标者的基本信息	静态非语言信息
	中标顺序	动态非语言信息

第一个阶段是输入（input）阶段，即发起阶段，该阶段的信息包括项目的文字描述、发起方的基本信息、项目期限和奖励金额。第二个阶段是处理（process）阶段，即提交阶段，该阶段的信息包括发起方与工作者之间的邮件文本信息、邮件的回复时间和补充说明。第三个阶段是输出（output）阶段，即评选阶段，该阶段的信息包括中标者的基本信息和中标顺序。

本章研究希望能在众包项目的不同阶段发现发起方欺诈的意图和行为。随着这一过程的不断深入，可以得到的信息也会越来越多，欺诈检测的准确性也将越来越高。综上所述，本章将首先解决以下研究问题，其次根据研究结果构建预警系统。

RQ1：输入阶段模型是否有助于检测众包项目的发起方欺诈行为？

RQ2：处理阶段模型是否比输入阶段模型更有助于检测众包项目的发起方欺诈行为（具有更高的预测精确率）？

RQ3：输出阶段模型是否比处理阶段模型更有助于检测众包项目的发起方欺诈行为（具有更高的预测精确率）？

4.3 研究方法

基于上述欺诈理论和 I-P-O 框架，本章利用自然语言处理（NLP）工具对数据进行清理、量化和预处理，形成了数据集，并利用支持向量机（SVM）、随机森林（RF）等机器学习方法对发起方的欺诈行为进行分阶段预测。同时，利用预测结果进行预警，使平台能够及时采取措施。分析和预测过程如图 4.2 所示。

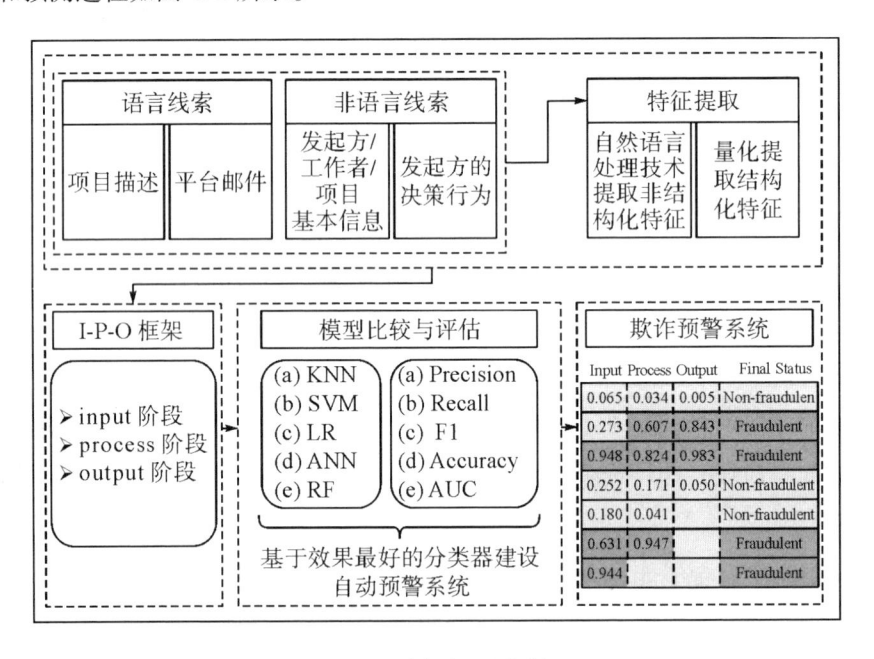

图 4.2 分析和预测过程

本章中，由于目的是做到提前预警，所以特征的提取时间尤为重要，为了避免数据排序问题与平台处理周期问题可能会影响最终的结果，本章采用了倾向评分匹配（propensity score matching，PSM）算法来确定具有可比特征的非欺诈控制组。控制变量包括省份 ID、项目发布年份和项目类别。当一个欺诈项目有多个匹配项具有相同的倾向评分时，本章使用随机均匀函数在所有倾向评分相同的非欺诈匹配中选择一个匹配项。特征提取过程与第 3 章相同，最后得到了一个由 1 138 个实例组成的适合本章研究问题的数据集，其中欺诈和非欺诈项目的分布是平衡的（1∶1）。

竞赛式众包项目的流程，具有项目发起阶段、项目方案提交阶段以及项目方案评选三个阶段。对于欺诈行为的检测与判断同理，不同的项目进程中，用于检测与判断欺诈的依据与特征也不同，准确来说，越是靠后，依据与特征越丰富，判断也越准确。基于 I-P-O 三阶段框架，逐步向每个阶段添加新的特征，特征的描述如表 4.2 所示，其中语言特征在第 3 章的表 3.4 中进行了详细描述。所有特征的计算方法与第 3 章相同。

表 4.2　三阶段特征描述

分类		特征	解释
输入阶段	项目	pro_total_ammount	项目奖励金额
		pro_duration	项目持续时长
	发起方	fabu_has_truename	发起方是否有真实姓名，1=是，2=否
		fabu_sex	发起方性别，1=男，2=女
		fabu_has_jieshao	发起方是否有自我介绍，1=是，2=否
		fabu_hits	发起方的被点击量
		fabu_has_group	发起方是否参与平台小组，1=是，2=否
		fabu_canyu_quantity	发起方历史参与项目数量
		friends_fabu_quantity	发起方好友数量
	项目语言特征*	pro_has_buchong	项目是否有补充说明，1=是，2=否
		pro_buchong_length	补充说明文本长度
处理阶段	往来邮件语言特征*	msg_ammount	发起方往来邮件数量
		msg_reply	发起方邮件回复时长

表4.2(续)

分类		特征	解释
输出阶段	中标顺序	in_last10per of all projects	中标人中标位置在全部项目提交的最后10%，1=是，2=否
		in_last15per of all projects	中标人中标位置在全部项目提交的最后15%，1=是，2=否
		in_last20per of all projects	中标人中标位置在全部项目提交的最后20%，1=是，2=否
		in_last25per of all projects	中标人中标位置在全部项目提交的最后25%，1=是，2=否
		in_last30per of all projects	中标人中标位置在全部项目提交的最后30%，1=是，2=否
	中标人个人特征	zhongbiao_has_truename	中标人是否有真实姓名，1=是，2=否
		zhongbiao_sex	中标人性别，1=男，2=女
		zhongbiao_has_jieshao	中标人是否有自我介绍，1=是，2=否
		zhongbiao_hits	中标人的被点击量
		zhongbiao_has_group	中标人是否参与平台小组，1=是，2=否
		zhongbiao_canyu_quantity	中标人历史参与项目数量
		friends_zhongbiao_quantity	中标人好友数量
	中标人和发起方比较	regist_after_fbtime	中标人在项目发布后注册，1=是，2=否
		is_same_sheng	中标人和发起方是否为相同的注册省份，1=是，2=否

4.4 实证检验与结果

4.4.1 描述性统计

本节描述了本章数据集的各种特性。数据包含1 138个项目，其中一半是平台公告板公示发起方具有欺诈行为的欺诈项目。从表4.3的统计指标来看，欺诈与非欺诈项目奖励金额的最大值和最小值几乎相等，而非欺诈性项目奖励金额的平均值是欺诈性项目的近3倍。平均而言，欺诈性项目比非欺诈性项目具有更长的持续时间和更短的补充说明。

表4.3 项目特征的描述性统计

	特征	样本量	均值	标准差	最小值	最大值
欺诈	项目奖励金额	569	486.90	705.78	50.00	10 664.00
	项目持续时长	569	22.69	45.88	1.00	254.00
	补充说明长度	569	247.10	365.30	0.00	2 578.00
非欺诈	项目奖励金额	569	1 309.59	1 216.77	50.00	10 000.00
	项目持续时长	569	18.01	26.31	1.00	500.00
	补充说明长度	569	336.52	555.95	0.00	6 879.00

从表4.4的统计指标来看，与非欺诈发起方相比，具有欺诈行为的发起方拥有较少的平均点击量，更多的项目参与经验和好友数量。此外，具有欺诈行为的发起方和非欺诈发起方的往来邮件数量差异不大。然而，二者在邮件回复时长上有很大的不同，即具有欺诈行为的发起方往往比非欺诈发起方有更长的邮件回复时长。

表4.4 发起方特征的描述性统计

	特征	样本量	均值	标准差	最小值	最大值
欺诈	发起方被点击量	569	623.17	829.12	22.00	11 049.00
	发起方历史参与项目数量	569	3.25	15.89	0.00	215.00
	发起方好友数量	569	0.72	2.30	0.00	31.00
	发起方往来邮件数量	569	2.71	5.81	0.00	52.00
	发起方邮件回复时长	569	0.69	2.92	0.00	47.00
非欺诈	发起方被点击量	569	866.67	1 075.17	30.00	9 305.00
	发起方历史参与项目数量	569	0.02	0.31	0.00	6.00
	发起方好友数量	569	0.05	0.53	0.00	10.00
	发起方往来邮件数量	569	2.26	5.15	0.00	45.00
	发起方邮件回复时长	569	0.38	1.12	0.00	10.50

对于项目中标人，根据表4.5中的统计指标，非欺诈项目中标人的平

均被点击量约为欺诈中标人的 150 倍,非欺诈项目中标人的平均历史参与项目数量是欺诈项目中标人的近 290 倍,而好友的数量大约是欺诈项目中标人的 24 倍。中标人的统计数据指向性较为一致,可以说,欺诈项目的中标人在平台上相对不活跃。

表 4.5 中标人特征的描述性统计

	特征	样本量	均值	标准差	最小值	最大值
欺诈	中标人被点击量	569	302.08	670.81	0.00	8 129.00
	中标人历史参与项目数量	569	3.10	19.36	0.00	334.00
	中标人好友数量	569	0.25	1.50	0.00	20.00
非欺诈	中标人被点击量	569	45 119.68	137 736.47	59.00	1 111 943.00
	中标人历史参与项目数量	569	893.80	1 586.95	0.00	9 691.00
	中标人好友数量	569	5.96	9.95	0.00	124.00

本章还进行了单因素方差分析,以比较欺诈和非欺诈项目的相关统计数据。结果发现,表 4.3、表 4.4 和表 4.5 中的变量,除了往来邮件数量(msg_amount)(F 值=1.879 621,p 值>0.1)差异不显著以外,其他大部分变量均在 0.01 的显著性水平上存在差异。其中,邮件回复时长(msg_reply)(F 值=5.733 263,p 值>0.01)在 0.05 的显著性水平上存在差异。因此,这个数据集适用于进一步的预测研究。

4.4.2 实证结果

表 4.6 展示了 10 折交叉验证后不同机器学习分类模型的预测得分。对于每个分类器,通过计算准确率(accuracy)、精确率(precision)、召回率(recall)和 F1 分数来评估模型的性能。从三个阶段的准确率指标来看,输出阶段准确率远高于前两个阶段。以输出阶段的随机森林分类器为例,其准确率为 98%,证明使用该模型预测为欺诈的所有项目中,98% 的项目实际确实为欺诈项目。同时,该模型召回率为 98%,意味着如果有 100 个欺诈项目,该模型可以正确识别其中的 98 个。

具体来说,在输入阶段,K 近邻(KNN)分类器的准确率为 61%,而随机森林（RF）分类器的准确率达到79%。因此，在使用包含语言信息（项目描述）、非语言信息（关于发起方、项目持续时长和奖励金额的信息）的输入阶段相关特征进行模型训练时，并非所有分类模型都有很好的效果。接下来，在添加处理阶段特征之后，所有分类器的准确率都有提高，因此，第二阶段的新特征的确有助于提高分类模型的准确率。同样地，当加入输出阶段特征时，所有分类模型的准确率都至少增加到90%（KNN除外，为80%）。因此，第三阶段中标人的非语言信息特征较大程度地影响了最终的预测结果。更重要的是，在每个阶段的分类器中加入新的特征后，召回率即查全率都增加了，这意味着从原始实际欺诈项目中被识别出的真实欺诈项目的比例增加了，也就是随着项目的发展、特征数量的增加使得预测模型的欺诈检测能力增强了。

表4.6 基于I-P-O三阶段各个分类器中的预测结果

阶段	分类器	准确率（accuracy）	精确率（precision）	召回率（recall）	F1分数（F1 score）
第一阶段输入阶段（input）	KNN	0.610 2	0.610 2	0.623 2	0.610 2
	LR	0.771 4	0.782 2	0.754 1	0.771 4
	SVC	0.723 1	0.693 3	0.802 4	0.743 3
	ANN	0.784 8	0.784 8	0.773 6	0.784 8
	RF	0.793 6	0.882 7	0.673 9	0.763 3
第二阶段处理阶段（process）	KNN	0.663 9	0.683 4	0.624 2	0.652 5
	LR	0.833 5	0.833 5	0.824 9	0.833 3
	SVC	0.831 9	0.831 9	0.831 9	0.831 9
	ANN	0.853 2	0.862 3	0.834 8	0.841 8
	RF	0.883 8	0.883 8	0.883 8	0.883 8
第三阶段输出阶段（output）	KNN	0.814 0	0.800 8	0.833 7	0.821 4
	LR	0.933 7	0.924 2	0.931 6	0.931 6
	SVC	0.932 5	0.920 6	0.932 5	0.932 5
	ANN	0.934 7	0.923 3	0.944 6	0.934 7
	RF	0.982 6	0.982 6	0.982 6	0.982 6

由于基于树的分类算法可以在一定程度上抵抗噪声和缺失值，对分类特征也更友好，通常基于树的机器学习模型在结构化数据中具有很高的性能。同样，综合来看，在本书中随机森林（RF）分类器的性能表现在各个阶段中都是最好的。此外，为了回答 RQ2 和 RQ3，即随着时间的推移，新特征的加入对随机森林分类器的改善效果，本书进一步进行了麦克尼马尔检验（McNemar test），比较了三个阶段随机森林分类器的准确率（Everitt，1992）。从表 4.7 可以看出，从输入阶段（input）到处理阶段（process），从处理阶段（process）到输出阶段（output），分类器的性能均有显著的提升。

表 4.7 三阶段麦克尼马尔检验（McNemar test）结果

类别	与输入阶段模型相比	与处理阶段模型相比
处理阶段模型	0.055*	
输出阶段模型	0.000**	0.000**

注：*** 表示 $p<1\%$，** 表示 $p<5\%$，* 表示 $p<10\%$。

此外，图 4.3 展示了随机森林分类器在三个阶段的特征重要性的排序。在输入阶段（input），前五个最重要的特征是项目奖励金额、项目持续时长、发起方是否实名以及两个语言特征。在处理阶段（process），除了项目奖励金额外，其他重要特征都是语言特征。在输出阶段（output），最重要的五个特征是中标人的非语言行为特征、项目奖励金额和语言特征。如图 4.3 所示，项目奖励金额是从输入阶段到输出阶段均排名前五的一个重要特征。从表 4.3 项目奖励金额的描述性统计数据可以看出，非欺诈项目的均值是欺诈项目的近 3 倍，原因之一可能是具有欺诈意图的发起方在制定奖励金额时会担忧最终行为失败的后果，因此奖励金额会偏低。

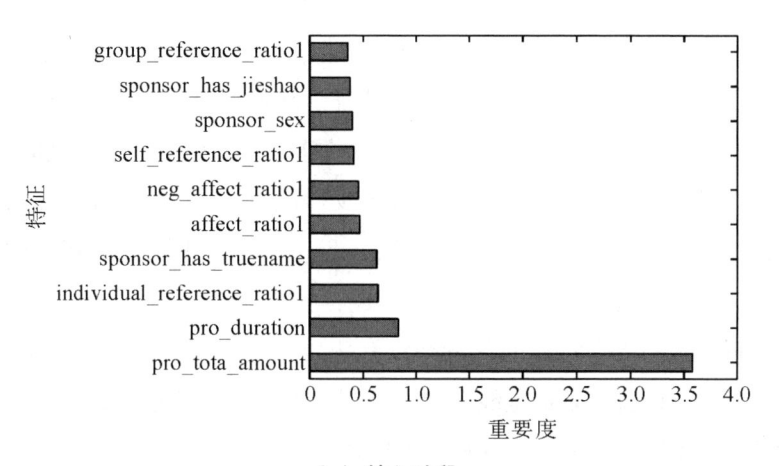

(a) 输入阶段

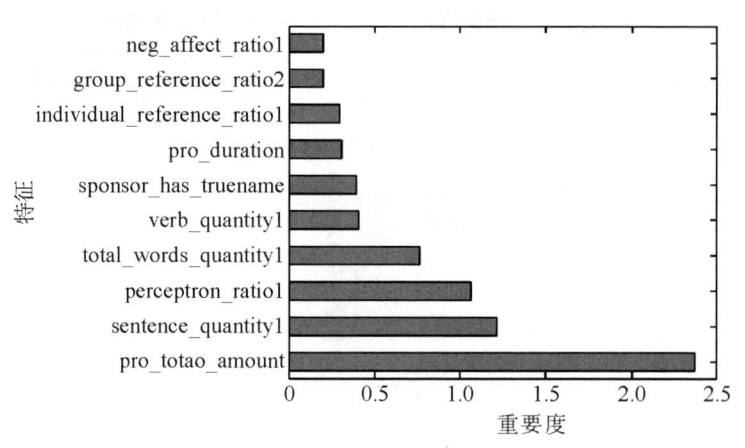

(b) 处理阶段

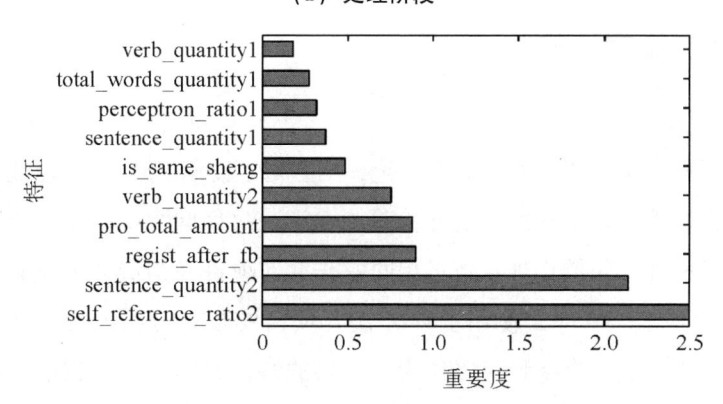

(c) 输出阶段

图 4.3 三阶段特征重要度排名前十

4 基于流程视角的众包发起方欺诈防控与预警

如上所述，本章在三个阶段中逐渐增加了每个阶段时序性的语言和非语言特征，将前十名的特征视为重要特征，除此之外的视为不重要特征，并使用特征类别和特征重要性两个维度，展示了不同重要性语言和非语言特征的数量，如表 4.8 所示。在输入阶段（input），重要语言特征的数量与非语言特征的数量相同；在处理阶段（process），重要语言特征的数量增加到 7 个；在输出阶段（output），虽然具体特征有明显的变化，但是重要语言特征和非语言特征的数量都没有变化。与第 3 章的研究结果一致，语言线索与非语言线索都是线上欺诈检测中不可或缺的信息，在监测框架的构建中，不应该忽略其中任何一种信息。

表 4.8 不同重要性语言特征 VS. 非语言特征的数量

阶段	重要性	语言特征/个	非语言特征/个
输入（input）阶段	重要	5	5
	不重要	10	4
处理（process）阶段	重要	7	3
	不重要	24	9
输出（output）阶段	重要	7	3
	不重要	26	21

4.5　稳健性检验

为了进一步证明本章的研究结论，本节对不使用 PSM 的平衡数据和原始不平衡数据进行了两次稳健性检验。在第一次稳健性检验中，从原始数据集中随机抽取与欺诈项目数量相同的非欺诈项目来构造一个新的平衡数据集。在进行 PSM 时，使用了省份 ID、项目发布年份和项目类别作为控制变量，由于这三个变量可以作为分类器的特征并影响分类器的性能，本节将这三个变量加入了输入阶段。五个分类模型结果仍然支持之前的结论（如表 4.9 所示）。

表4.9 稳健性检验一的结果（随机抽取平衡数据集）

阶段	分类器	准确率（accuracy）	精确率（precision）	召回率（recall）	F1分数（F1 score）
第一阶段 输入阶段 （input）	KNN	0.901 0	0.874 5	0.962 1	0.910 4
	LR	0.942 2	0.950 4	0.933 4	0.942 2
	SVC	0.923 8	0.890 9	0.953 9	0.923 8
	ANN	0.925 5	0.914 9	0.930 7	0.925 5
	RF	0.934 8	0.953 0	0.923 7	0.934 8
第二阶段 处理阶段 （process）	KNN	0.902 1	0.893 7	0.912 9	0.902 1
	LR	0.953 6	0.974 1	0.933 5	0.953 6
	SVC	0.954 0	0.962 8	0.932 3	0.954 0
	ANN	0.961 7	0.961 7	0.961 7	0.961 7
	RF	0.982 8	0.990 3	0.960 9	0.982 8
第三阶段 输出阶段 （output）	KNN	0.933 1	0.933 1	0.940 2	0.933 1
	LR	0.990 3	0.990 3	0.990 3	0.990 3
	SVC	0.984 6	0.991 2	0.964 9	0.984 6
	ANN	0.994 2	0.994 2	0.983 8	0.994 2
	RF	1.000 0	1.000 0	0.998 0	1.000 0

为了避免数据分布不均衡的问题影响模型的选用，本书采用了抽样的平衡数据集。但是由于现实中欺诈和非欺诈项目数量不平等的情况普遍存在，在第二次稳健性检验中，本节采用了原始的不平衡数据集来进一步验证模型的预测效果。数据结果如表4.10所示，本次检验使用AUC（ROC曲线下面积）进行模型评估，因为不平衡数据中的大量数据的那一类别会影响精度。ROC曲线是可视化二元分类器性能的最常用方法（Bradley，1997）。此外，在欺诈检测的背景下，由于欺诈项目的损害成本，所以欺诈项目的识别更为关键。由于召回率是指正确识别的欺诈项目数量与真正欺诈项目总数的比例，召回率越高，表明模型将越准确地识别欺诈项目，也就是查全率越高。因此，在原始数据集的情况下，召回率对于模型评估更为重要，而AUC有助于评估模型整体性能。虽然随机森林模型由于数据

量的增加而不能稳定保持最好的性能，但是从第一阶段到第三阶段，所有分类器的召回率和AUC值都有所提高。综上所述，本章提出的时序性特征和分阶段欺诈检测模型对于众包平台的实际应用具有一定的指导意义。

表4.10 稳健性检验二的结果（原始数据集）

阶段	分类器	精确率（precision）	召回率（recall）	F1分数（F1 score）	AUC
第一阶段 输入阶段 （input）	KNN	0.802 3	0.394 7	0.524 9	0.694 8
	LR	0.990 3	0.593 7	0.740 9	0.793 9
	SVC	0.244 4	0.143 6	0.182 6	0.571 8
	ANN	0.811 8	0.763 1	0.780 2	0.883 6
	RF	0.890 4	0.664 4	0.762 3	0.833 1
第二阶段 处理阶段 （process）	KNN	0.853 0	0.412 3	0.564 6	0.712 5
	LR	0.930 6	0.711 4	0.813 1	0.864 0
	SVC	0.631 1	0.623 2	0.633 4	0.811 3
	ANN	0.892 9	0.844 1	0.863 5	0.920 0
	RF	0.883 8	0.812 0	0.842 7	0.904 7
第三阶段 输出阶段 （output）	KNN	0.841 6	0.432 2	0.570 8	0.710 9
	LR	0.982 0	0.831 2	0.900 2	0.920 4
	SVC	0.741 2	0.831 7	0.791 0	0.922 6
	ANN	0.944 3	0.891 7	0.923 5	0.953 3
	RF	0.954 5	0.932 6	0.943 8	0.960 7

4.6 预警框架设计

众包发起方的欺诈意图可能会在不同阶段产生，因此在每个阶段及时发现和预警防范，可以有效降低风险。根据先前的模型效用的综合比较结果，随机森林（RF）的分类效果优于其他分类器，因此本节选择随机森林

(RF)分类器作为预警系统的预测模型,并将结果进行了实证分析。如图4.4所示,每个阶段特征的数量逐渐增加,经过对不同类型特征的量化和预处理,利用随机森林(RF)模型预测每个项目的欺诈概率。然后,对概率大于50%的项目进行特别标注,平台会向发起方发出提醒。例如,在输入阶段(input),平台自动向发起方发送邮件强调规则;在处理阶段(process),平台工作人员对发起方进行一对一的警示;在输出阶段(output),平台工作人员及时查看工作者举报信息和中标人的解决方案,对违规行为进行核实与处罚。

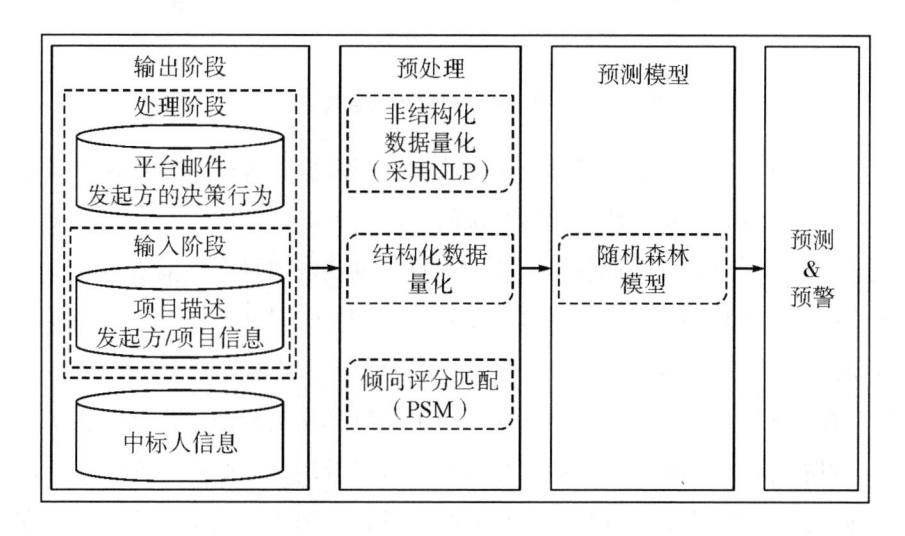

图 4.4　三阶段预测与预警流程

图4.5展示了测试集中的项目在不同阶段的检测结果,纵轴表示项目数量。可以看出,从输入阶段(input)到输出阶段(output),预测欺诈概率大于0.5的项目比例呈上升趋势,说明随着项目的进程,具有欺诈意图的发起方数量逐步增加,同时本系统对欺诈项目的检测能力逐渐增强。

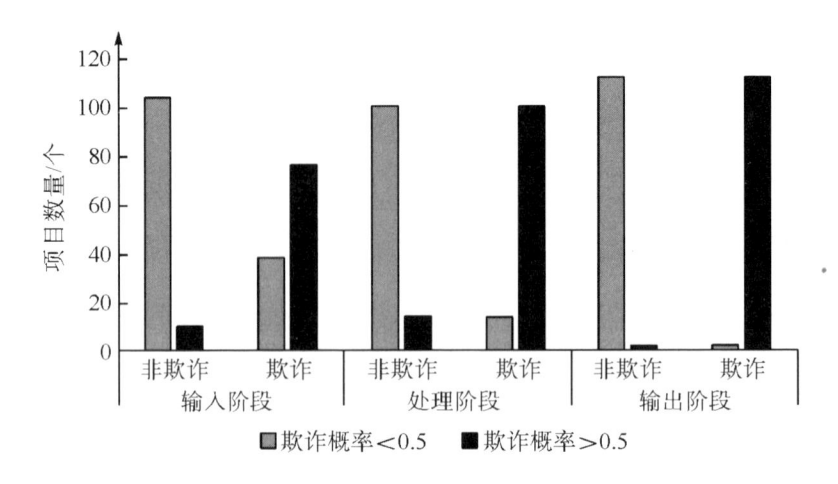

图 4.5 三阶段中测试集的项目检测结果

图 4.6 展示了众包竞赛风险实时监测预警系统，超过 50%欺诈概率的项目会突出红色警示。假设预警系统的监控器在 2015 年 7 月底登录，则系统会显示当天所有已完成和未完成的项目，以及该项目在当前阶段的预测欺诈概率，如最后一行就是系统在 2015 年 7 月 31 日发布的项目在当前输入阶段被预测模型判断的欺诈可能性。为了说明欺诈检测在预警中的有用性，在图中的最后一列显示了所有项目的最终真实的状态。当然，在实践中，只有已完成的项目才具有此项信息。可以看出，一些项目在输入阶段就显现出了非常高的欺诈概率，而有些项目在处理或者输出阶段欺诈概率才显著增高。

Project ID	Start	End	Fraudulent Warning System			Final Status
			Input	Process	Output	
XXXXXX	2015/7/2	2015/7/17	0.065	0.034	0.005	Non-fraudulent
XXXXXX	2015/7/4	2015/7/10	0.273	0.607	0.843	Fraudulent
XXXXXX	2015/7/10	2015/7/15	0.948	0.824	0.983	Fraudulent
XXXXXX	2015/7/16	2015/7/23	0.252	0.171	0.050	Non-fraudulent
XXXXXX	2015/7/20	2015/8/9	0.180	0.041		Non-fraudulent
XXXXXX	2015/7/25	2015/8/5	0.631	0.947		Fraudulent
XXXXXX	2015/7/31	2015/8/7	0.944			Fraudulent

图 4.6 众包竞赛风险实时监测预警系统

总的来说，该系统可以有效地实时监测众包发起方的欺诈意图，确认发起方的欺诈行为。在输入和处理阶段发现发起方的欺诈意图，高度关注欺诈概率大的发起方，开展沟通、警示等干预活动，防止和减少欺诈行为的发生。如果在输入和处理阶段没有发现欺诈意图，就要防止输出阶段欺诈行为的发生，在输出阶段确认欺诈行为，并及时公告和处罚欺诈行为，可以避免员工的不满和失望，减少平台人工的判断工作量，提高工作者对平台的参与热情和信任度。

4.7 研究结论

结果表明，输入阶段模型对于检测具有欺诈意图的众包发起方很有价值（RQ1）。所有的分类模型都能够很好地实现众包平台中的欺诈检测，且都具有合理的准确率。特别是随机森林（RF）模型的准确率为79%。因此，在输入阶段，随机森林模型对发起方欺诈意图的判断，100个项目中有79个项目是判断正确的。也就是说，在发起方发起众包项目后，预警系统就可以对每个项目进行初步检测，并抓取出欺诈可能性较大的发起方。究其原因，虽然随机森林模型是黑箱模型，不具有可解释性，但是从图4.3的特征重要度排序可以看出，在输入阶段，项目奖励总额对模型的影响最大，其余特征的影响差异不大，且该阶段重要的语言特征和非语言特征的数量相同。

与输入阶段模型相比，处理阶段模型对于检测具有欺诈意图的众包发起方更有价值（RQ2）。这两种模型最大的区别是在处理阶段加入了发起方和工作者之间的互动消息。处理阶段模型的预测效果优于输入阶段模型。随机森林模型的准确率从79%提高到88%。其主要原因可能是发起方在输入阶段没有欺诈意图，在处理阶段产生的欺诈意图被成功检测到。此外，与输入阶段事先准备的项目描述相比，具有欺诈意图的发起方更可能在处理阶段的互动中泄露语言线索。在特征重要度前10的排名中发生了一个明显的变化：重要的语言特征的数量从 5 个增加到了 7 个，这可能是因为处理阶段模型中主要添加的是更多的语言特征。虽然只有一个新增的语言特征进入前 1 重要特征排名，但这些特征的加入确实提高了模型的预测效果。因此，随着项目的进展，更加丰富的特征获取以及发起方意图的改变的确被模型成功检测，并在一定程度上提高了预测效果。

与处理阶段相比，输出阶段模型对检测具有欺诈行为的众包发起方更有价值（RQ3）。输出阶段模型的预测效果优于处理阶段模型，除 K 近邻（KNN）分类器外，所有分类器的准确率均在 90%以上，特别是随机森林分类器的准确率达到 98%。更重要的是，与处理阶段相比，随机森林分类器的准确率从 88%提高到 98%，提升的原因可能是加入了中标人的非语言信息特征。如图 4.3 所示，虽然重要的语言和非语言特征的数量保持不变，但 3 个重要的非语言特征中有 2 个是新增加的与中标人相关的特征。其中一个主要原因是，在众包竞赛中，如果发起方有欺诈行为，中标人通常是共谋的中标人或者是发起方本人。因此，获取中标人的相关信息对于发现欺诈性项目非常重要，这使得加入中标人信息后的模型具有较高的预测精确率。

本章提出的输入-处理-输出（I-P-O）框架三个阶段均得到了令人满意的预测结果，这表明基于流程视角的线上欺诈检测模型可以为众包平台上的欺诈防控工作提供有效的助力。除了输出阶段的超高准确率以外，输入阶段和处理阶段的较高准确率也为风险的预防和控制提供了坚实的基础，从图 4.6 的预警系统可以看出，一些项目在输入阶段就显现出了非常高的欺诈概率，而有些项目在处理或者输出阶段其欺诈概率才显著增高。因此，分阶段的检测是非常有必要的。如果在输入和处理阶段发现发起方的欺诈意图，高度关注欺诈概率大的发起方，开展沟通、警示等干预活动，可以防止和减少欺诈行为的发生。如果在输入和处理阶段没有发现欺诈意图，就要防止输出阶段欺诈行为的发生，在输出阶段确认欺诈行为，并及时公告和处罚欺诈行为，可以避免员工的不满和失望，减少平台人工的判断工作量，提高工作者对平台的参与热情和信任度。

4.8 本章小结

在众包背景下，发起方的目标是免费获得解决方案，发起方的欺诈意图产生的时间是不确定的，可能是在项目开始之前，也可能是在项目实施的过程中。在众包项目的不同阶段，可获取的语言和非语言信息的数量和价值是不同的。因此，根据不同的阶段信息获取的特点对发起方的欺诈意图进行更为清晰的探索，可以提前防范和控制风险。

为了及时捕捉发起方的欺诈意图，建立有效的欺诈预警系统，本章基于前文所述的几个欺诈理论和众包竞赛中的三个阶段，获取每个阶段特有的时序性的语言和非语言信息，提出了一个基于流程视角的输入-处理-输出（I-P-O）框架来进行欺诈预警与检测。第一个阶段输入（input）阶段是发起阶段，发起阶段的信息包括项目的文字描述、发起方的基本信息、项目期限和奖励金额。第二阶段处理（process）阶段是提交阶段，提交阶段的信息包括发起方与工作者之间的邮件文本信息、邮件回复时间和补充说明。第三阶段输出（output）阶段是评选阶段，评选阶段的信息包括中标人的基本信息和中标顺序。本章利用自然语言处理（NLP）工具对数据进行清理、量化和预处理，形成了数据集，并利用支持向量机（SVM）、随机森林（RF）等机器学习方法对发起方的欺诈行为进行分阶段预测。

结果显示，不同的项目进程中，用于检测与判断欺诈的依据与特征也不同，随着这一过程的不断深入，越是靠后，依据与特征越丰富，判断也越准确。基于I-P-O三阶段框架，逐步向每个阶段添加新的特征，可以得到的信息越来越多，欺诈检测的精确率也越来越高。此外，在每个阶段的分类器中加入新的特征后，召回率即查全率也提高了，这意味着从原始实际欺诈项目中被识别出的真实欺诈项目的比例增加了，也就是随着项目的发展、特征数量的增加，预测模型的欺诈检测能力也增强了。同时，随机森林分类器的预测精确率在各个阶段中都是最高的，根据随机森林分类器中特征的重要度排序，证实了与第 3 章的研究结果一致，语言线索与非语言线索都是线上欺诈检测中不可或缺的信息。在监测框架的构建中，不应该忽略其中任何一种信息。为了进一步证明以上的研究结论，本章还对不使用 PSM 的平衡数据和原始不平衡数据进行了两次稳健性检验。两次检验的结果证实本章提出的时序性特征和分阶段欺诈检测模型对于众包平台的实际应用是具有指导意义的。最终，基于以上研究结果，本章构建了一个智能化欺诈检测框架，通过对众包竞赛项目的自动跟踪和监控，实现了对风险因素的全程控制和预警。

本章研究从流程视角来检测众包发起方的欺诈行为，根据时序性的特征特点，重点研究众包竞赛不同阶段的输入-处理-输出（I-P-O）模型，并构建了一个智能化欺诈检测框架，通过对众包竞赛的自动跟踪和监控，实现对风险因素的全程控制和预警。研究结果丰富了流程视角的应用，也加深了对类似线上活动的理解。欺诈项目的即时停止，有助于缓解用户对于知识成果安全、奖励分配和评价程序公平的担忧，可以激励工作者提供高质量的创意。同时，合规发起方的项目将受到更多关注，并得到更多高质量的解决方案。智能化的监测系统能够有效减少信息过载和争议处理成本，是实现众包网络治理，降低众包欺诈风险，保持众包模式与开放式创新持续、健康发展的重要一环，同时也是众包平台获得多样化创新源、持续发展的动力，有助于更好地构建公平且完善的平台环境。

然而，虽然本章成功构建了智能化欺诈检测框架，并研究证实了随着项目的进行，特征数量也就是有效线索的增加使得预测模型的欺诈检测能力增强了，但是在随机森林模型中，与输出阶段高达 98% 的准确率相比可以看出，输入阶段与处理阶段 88% 的准确率还有提升空间。如前文所述，真正的风险控制在于更为有效的事前预防与事中控制。因此，如何能进一步提高预测的准确率，是本书研究接下来的挑战。

5 基于社会网络分析的众包发起方欺诈检测

基于上一章构建的分阶段智能化欺诈检测框架，本章试图进一步提高模型在输入阶段对发起方产生欺诈意图可能性判断的精确率。由于众包竞赛发起方的知识成果驱动特性，传统的从发起方或项目信息中提取的单一属性检测线索效用可能会降低。在开放式创新平台中，二元属性即关系网络可能比单一来源的属性更能有效识别用户的潜在行为（Peng et al.，2009）。例如，Wang 和 Chiu（2005）对在线拍卖系统的卖方欺诈行为进行研究，发现交易历史形成的网络结构可以用来揭露卖方欺诈行为，并由此构建了一个检测系统，该系统可以在正式公布黑名单的前几个月提供警告，从而帮助防范卖家的合谋串通行为。此外，Yanchun 等（2011）发现，淘宝上有大量卖家通过真实销售行为后的虚假评论来操纵他们的评价与信誉分数，由于销售行为的真实使得一般的行为检测判断能力降低，因此他们提出了一种检测方法，该方法通过利用社会网络分析（SNA）技术检测潜在欺诈者之间的关系来进行虚假评论的判断，并得到了很好的识别效果。因此，如果需要在用户在线行为发生之前，提前判断项目发起方是否具有欺诈意图，那么发起方在网络中现阶段所处的位置是很重要的。本章以众包平台为基础，引入社会网络分析方法，分析具有欺诈行为的发起方的内在结构和特征，并探究了如何利用社会网络的几个关键概念有效地检测出潜在的恶意发起方。具体来说，5.1 节介绍了研究背景；5.2 节提出了研究问题，即欺诈发起方与合规用户相比是否具有不同的社会网络结构，即中心性、凝聚性与结构对等性；5.3 节介绍了研究方法，包括数据的基本情况、网络构建与网络结构特征的提取方法；5.4 节展示了实证检验结果，涉及中心性、凝聚性与结构对等性检验结果的针对性分析；5.5 节在机器学习模型中进一步验证了社会网络特征这类二元属性的特征的加入对模型的提升效果；5.6 节分析阐述了研究结论；5.7 节对研究进行了总结。

5.1 研究背景

基于流程视角分阶段的欺诈意图与行为研究，对众包欺诈做出了良好的提前检测与预警，然而，在输入与处理阶段发起方的欺诈意图检测中，预测精确率还有提升的空间。如何进一步提高预测的精确率，是本书研究接下来的挑战。与目前广泛研究的网络金融欺诈不同，众包发起方并不是为了金钱而编造一些虚假信息，而是基于真实需求意图免费获得工作者的解决方案。也就是说，为了保证解决方案的质量，项目的需求和表达确实是真实的，这就导致了传统的从发起方或项目信息中提取的单一属性检测线索效用降低或者失效。在开放式创新平台中，二元属性即关系网络可能比单一来源的属性更能有效识别用户的潜在行为。学者们已经将社会网络分析应用于各种类型的欺诈检测，如反馈声誉欺诈、在线拍卖欺诈、汽车保险欺诈等（Bodaghi et al.，2018；Chiu et al.，2011；Wang et al.，2005；Yanchun et al.，2011）。

众包平台可以被视为一个网络结构，每个用户都是网络的一个节点，用户之间的互动形成了一个庞大而复杂的关系网络（Tung et al.，2017）。一些学者从社会网络的角度探讨了开放创新平台的网络结构特征及其影响。例如，Zhang 和 Wang（2012）对维基百科的研究表明，用户在网络结构中的位置会影响他们在社区中的贡献行为。Lu 等（2017）认为，核心—边缘的网络结构不利于用户在众包式论坛上进行知识共享。学者们对在线社区的网络结构的研究有助于人们理解开放创新平台的用户行为。因此，从社会网络的角度探讨具有欺诈行为发起方的网络结构特征,从而准确发现众包发起方的欺诈意图,具有重要的理论和现实意义。

本章以众包平台为基础,引入社会网络分析方法,分析具有欺诈行为的发起方的内在结构和特征,并探究如何利用社会网络的三个关键概念,即中心性、凝聚性和结构等价性,有效地检测出潜在的恶意发起方。这些概念的相关指标不仅可以作为众包利益相关者更好地评估与发起方相关风险的一个有效特征,而且增加了某些发起方从信息不对称中恶意获利的成本。本章研究是将社会网络分析信息作为众包欺诈检测来源的首次尝试,拓展了开放式创新的研究范围和社会网络分析在欺诈检测领域的应用范围,提高了众包用户的积极性,进一步推动了开放式创新的发展。

社会网络是以社会参与者为节点及其关系的集合,强调网络中每个参与者与其他参与者之间的直接或间接关系。社会网络分析(SNA)被定义为一种能够在不同分析层次(如节点层次和网络层次)上分析社会参与者之间关系模式的方法(Scott,1988),通过社会网络分析可以了解网络和节点的内部特征以及节点之间的作用关系。

大量学者利用社会网络分析来探索网络中的社会关系结构,以揭示人与人之间的非正式联系(Mutton,2004),如谣言传播、犯罪网络等,同时许多学者将社会网络分析应用于各种在线虚拟社区的相关研究。Fuger 等(2017)从社交网络视角探讨了众包平台上不同用户角色对团队绩效的影响,指出众包项目的背景与目的会影响用户的行为模式。Zhang 和 Wang(2012)通过利用中文维基百科收集的面板数据,测量点度中心度、中间中心度、接近中心度以及用户的贡献量,进行回归分析,最终得出用户的网络位置强烈影响其贡献行为的结论。同样,Liu 等(2017)以一个呈现核心—边缘网络结构的大众用户支持论坛为研究对象,通过建立数理模型进行验算,指出大量用户位于边缘位置,不同的节点位于不同的网络位置具有不同的关系行为。Koch 等(2013)利用社会网络分析方法测量开放式政府平台用户的点入中心度和点出中心度,将其作为划分社区用户类型的指标,发现不同类型用户的创新方案质量存在很大差异。

此外，各种网络平台的兴起所带来的风险促使学者们对网络欺诈的检测方法进行了大量深入的研究，其中社会网络分析是一种非常有效的方法。Ku等（2007）通过计算基于K-核的凝聚子群社会网络分析方法，结合决策树模型来检测一个或多个欺诈者的组ID，并探查网络中的不寻常链接或关系。Morzy（2008）将密度作为一种基于社会网络分析的可信度进行度量，其算法通过拍卖中的行为发现了关系紧密的参与者集群。Peng等（2009）将互联网拍卖系统中的用户关系建模为有向交易图，通过过滤交易数据实时识别合谋的欺诈者。McGlohon等（2009）提出了一种基于社会网络分析的总账会计数据欺诈风险检测算法，其核心思想是通过其他相关用户的属性来推断目标用户的属性，也就是通过观察目标用户的近邻的行为来推断用户为欺诈者的可能性。Yanchun等（2011）利用社会网络分析方法来检测淘宝网上评价系统中的虚假评论者之间的关系。Pak和Zhou（2014）的研究证实了欺骗者在线上网络中会有不同的社会结构，欺骗行为对大多数中心性指标都有影响，如欺骗者比说真话者会表现出更高水平的凝聚力。

从以往的研究可以看出，具有不同网络特征的线上社区用户会具有不同的表现与贡献。社会网络分析方法已证实在欺诈检测中是有效的，但是大多是欺诈团体检测，或者整个账号都是具有欺诈性质的，而不针对某一次具体的行为。而在众包竞赛的环境下，众包平台的用户组成了一个典型的社会网络，用户包含发起方与工作者，他们都是网络中的节点。用户通过发起、参与项目以及添加好友等行为构成关系连接。发起方欺诈意图的产生可能需要经验的积累，同时欺诈成本并不高。一方面，发起方通过参与或者发起项目来熟悉项目流程（发起方发起项目并托管奖金，工作者参与项目并提交作品，发起方查看所有作品并选择中标作品）；另一方面，发起方建立小号，自我选择，在已获取工作者知识成果的情况下拿回奖金。因此，如果需要提前判断项目发起方是否具有欺诈意图，那么发起方在网络中现阶段所处的位置是很重要的。准确来说，可以去探寻欺诈发起方与合规用户相比是否具有不同的社会网络结构，如中心性、凝聚性与结构对等性。因此，在众包平台的社会网络中，具有欺诈意图的发起方有可能具有特殊的网络特征与位置，而通过挖掘欺诈节点的结构作为欺诈群体的特征值，就可以进行后续挖掘研究。本章研究希望能通过社会网络分析方法探寻这些差异，并对具有欺诈意图的发起方做出预判，及时预警。

5.2 研究问题

社会网络研究的三个关键概念是中心性、凝聚性和结构对等性（Liu et al.，2017）。由于不同网络位置的用户会有不同的行为，本章探索了具有欺诈意图的用户与普通用户相比是否会有不同的网络特征。更具体地，本章研究了发起方欺诈意图的产生是否与其网络的三个结构特征（中心性、凝聚性、结构对等性）相关。

5.2.1 中心性

中心性是一种广泛应用的社会网络指标，经常被用来量化个人在网络中的角色（Zejda，2010）。Freeman（1979）提出了三种不同的度量方法来表示中心性，分别是点度中心度、中间中心度、接近中心度。

点度中心度是其与节点直接相关的链接数，也就是在整体网络中与该节点存在实际互动关联的行动者数量，是最简单、最直观的指标。中央节点往往与其他节点有多重联系，而边缘节点则没有。在一个网络中，与多个节点具有实际互动联系的节点，其点度中心度更高，表示该节点可能处于网络中的重要位置；反之，若一个节点与其他节点互动联系较少甚至孤立，其点度中心度则更低，在网络中的影响力也较小（张存刚 等，2004）。一方面，更多的社会关系意味着该节点接收和发送更多的信息，更有可能为了自己的利益而利用现有的规则；另一方面，更多的社会关系也可能使得行动者为了保持自己的形象与信任度而不实施欺诈行为。

中间中心度指节点对资源的控制程度，是通过节点的测地距离（最短路径）的数量度量。当一个节点处于许多网络路径中，那么该节点可以被认为处于重要的位置，因为它有能力控制其他两个节点之间的通信（任志安 等，2007）。节点的中间中心度越高，越能控制信息资源，即该节点很有可能处于中间传递使者的位置。处于这种地位的行动者可以通过控制或曲解信息的传递来影响群体，这在与他人的沟通中起着桥梁作用（赵红艳，2013）。

接近中心度体现的是一个点与其他点的近邻程度，是测地距离（最短路径）的函数（Freeman et al., 1979），计算的是一个点到其他所有点的距离的总和，这个总和越小说明这个点到其他所有点的路径越短，也就说明这个点距离其他所有点越近，表示网络中如果该用户到其他用户的距离较短，则该用户的影响力可能较大。接近中心度常用来衡量节点不受其他节点影响和控制的能力（王陆，2009）。与更多的节点越接近的节点，在信息传递时就越不会依赖其他节点，也就是不用通过大量节点的线路传送，因为该节点可能处于网络的中心位置。由此可见，接近中心度越小的节点，越容易在信息传递中到达，越不易受到其他节点的影响和控制。

事实上，上述三种中心度之间不是相互独立的，且在一定程度上是具有相关性的。

根据三种中心度的不同度量方法与其所表征的含义，网络中每个节点在信息传递过程中都有不同的角色和作用（郑登攀 等，2010）。具有较高点度中心度和较低中间中心度的节点，往往需要通过一些节点进行信息传递；具有较低点度中心度和较高中间中心度的节点，可能是网络中信息传递的关键节点；具有较低点度中心度与较高接近中心度的点，则可能与网络中的重要节点有紧密联系，也能够影响和控制网络资源（Pak et al., 2014）。与所有欺骗者的策略性行为一样，在众包竞赛欺诈中，具有欺诈意图的发起方也会试图扮演一个合规需求者。同时，需求的真实性使其遮掩难度降低，检测难度增高。因此，如果从欺诈意图的产生源头出发，探寻具有欺诈意图的发起方在众包网络中是否具有特殊的中心性角色，将进一步提升欺诈预警效率。因此，本章提出以下研究假设：

假设5-1a（H5-1a）：欺诈用户与非欺诈用户节点的点度中心度显著不同。

假设5-1b（H5-1b）：欺诈用户与非欺诈用户节点的接近中心度显著不同。

假设5-1c（H5-1c）：欺诈用户与非欺诈用户节点的中间中心度显著不同。

5.2.2 凝聚性

凝聚子群分析是社会网络分析的一种重要方法，其目的是揭示节点之间的实际或潜在关系。当网络中某些节点之间的关系密切且可以被组合成一个子群时，社会网络分析将这些群体称为内聚子群体。网络凝聚性衡量一组节点之间的相互联系程度，长期以来，这对于检测社会网络中的子群体或集团非常有用（Burt，1987）。关于犯罪网络的研究表明，犯罪网络通常可以划分为相互密切互动的个人组成的子群体（Chen et al.，2004；Hutchins et al.，2010；Yang et al.，2009）。在线上拍卖领域，欺诈者依靠串通用户制造大量虚假交易，在社交网络中形成一个有凝聚力的群体，从而提高自己的声誉得分。因此，一些研究集中于检测社交网络中的凝聚力群体（Chiu et al.，2011；Wang et al.，2008）。欺诈的成功往往取决于通过最初的表现与其他个体建立"信任"关系。为了建立信任关系，具有欺诈意图的个体需要采取与他人合作的行为。然而，凝聚子群分析是基于整个网络的分析与度量，众包这一社会网络与其他的线上欺诈不同，众包发起方往往不是群体性质的。因此，本章主要研究个体的凝聚性，采用聚类系数替代凝聚子群的检测，进一步探查发起方是否处于一个较为紧密的群体之中。聚类系数描述了网络中个体的邻居节点也互为邻居的可能性，被定义为连接节点邻域的边数除以节点邻域间可能存在的边总数（Borgatti et al.，2002）。因此，本章提出以下研究假设：

假设5-2（H5-2）：欺诈用户与非欺诈用户节点的凝聚性（聚类系数）显著不同。

5.2.3 结构对等性

结构对等性表示两个或多个网络节点，它们与网络的其余节点具有相似的连接模式。结构对等性衡量的是节点相似程度，常用于识别彼此非常相似的用户集，并区别于其他用户集中的用户（刘军，2004）。等效节点通常连接到一组相似的节点，因此它们更有可能接收相似的信息或社会影响，在结构上处于同等地位的节点往往具有相似的特征，如社会地位或其他个人特征。两个用户间的结构立场越相似，他们在问题上的最初取向就可能越相似；相反，两者在问题上的初始取向越不一致，他们的结构立场就越不相同。

研究者们在对某一特定网络进行分析的时候看到处于某一位置的行动者的行为在某种程度上存在相似性，而且认为行动者的个体特质与这种相似性并没有关系，关键在于行动者在特定网络中所处的位置。因此，就有了对凝聚力、结构相同和角色相同的研究探讨。研究者发现，无论是凝聚力、结构相同还是角色相同，都表现为一种同质性（Lorrain et al.，1977；Pak et al.，2014），凝聚力反映了行动者在行为受到与其直接相联结的其他行动者的影响，从而导致行动的相似性，这种直接联结的影响力被大多数社会网络研究者认可和使用（Kratzer et al.，2016；Mizruchi，1994）。也有学者认为结构相同的个体比直接联系具有凝聚力的个体更有可能出现行为的相似性（Burt，1987；Kratzer et al.，2016）。因此，具有相似网络结构的众包发起方，可能拥有相似的欺诈意图产生的可能性。因此，本章提出以下研究假设：

假设5-3（H5-3）：欺诈用户与非欺诈用户节点的网络位置存在显著差异，不具有结构对等性。

5.3 研究方法

为了验证以上假设，本章研究基于社会网络结构效应的三个关键概念，即中心性、凝聚性和结构对等性（Liu et al., 2017）展开。首先，根据众包用户间的合作关系和通信关系计算关系得分，构建众包平台用户的关系网络，随着2014年的众包平台用户网络进行每天动态更新，将总共得到365个网络。其次，计算每个社交网络中每个用户的点度中心度、中间中心度、接近中心度和聚类系数，并进行结构对等性分析。再次，比较欺诈用户与非欺诈用户的网络特征指标值的差异性，验证假设是否成立。最后，将通过检验的网络特征指标值加入输入阶段的随机森林模型，证实社会网络指标在欺诈检测中的有效性。研究路线如图5.1所示。

5.3.1 数据

本章分析数据抽取了2014年1月至2014年12月的平台数据，以2014年发起的9 282个竞赛项目为研究对象，共涉及6 241个活跃用户，其中有138个平台通报的欺诈项目。抽取2014年的数据建网的原因是由于平台管理决策与人员的变动，公示板公布的欺诈项目时间上具有分散性，部分年份的欺诈项目公示数量较少，同时，长久的不活跃关系在关系网络中是冗余的。因此，本书提取了数量较为集中的2014年作为数据来源进行研究。表5.1展示了2014年平台用户参与项目与消息发送描述性统计。平均每个用户参与了1.49个项目，发送了22.42条消息。

表5.1 2014年平台用户参与项目与消息发送描述性统计

类别	数量	均值	标准差	最小值	最大值
项目	9 282	1.49	6.35	1.00	411.00
消息	139 924	22.42	64.38	0.00	1 882.00

```
┌─────────────────────────────────────────┐
│         社会网络关键性概念              │
│   ┌──────┐  ┌──────┐  ┌──────────┐     │
│   │ 中心性│  │凝聚性│  │结构对等性│     │
│   └──────┘  └──────┘  └──────────┘     │
└─────────────────────────────────────────┘
                    ↓
┌─────────────────────────────────────────┐
│           社会网络构建                   │
│  ┌────────┐  ┌──────────┐  ┌────────┐  │
│  │通信关系│→│计算关系得分│←│合作关系│  │
│  └────────┘  └──────────┘  └────────┘  │
└─────────────────────────────────────────┘
                    ↓
┌─────────────────────────────────────────┐
│              特征提取                    │
│  ┌────────┐  ┌────────┐  ┌────────┐    │
│  │点度中心度│ │中间中心度│ │接近中心度│  │
│  └────────┘  └────────┘  └────────┘    │
│      ┌────────┐  ┌────────┐            │
│      │聚类系数│  │位置距离│            │
│      └────────┘  └────────┘            │
└─────────────────────────────────────────┘
                    ↓
┌─────────────────────────────────────────┐
│            差异性检验                    │
│  ┌─────────┐ ┌────────┐ ┌────────────┐ │
│  │Student t│ │Welch t │ │Mann-Whitney U│ │
│  │  检验   │ │ 检验   │ │    检验    │ │
│  └─────────┘ └────────┘ └────────────┘ │
└─────────────────────────────────────────┘
                    ↓
┌─────────────────────────────────────────┐
│          机器学习模型效果                │
│     ┌──────────┐  ┌──────────┐         │
│     │输入阶段模型│ │随机森林方法│         │
│     └──────────┘  └──────────┘         │
└─────────────────────────────────────────┘
```

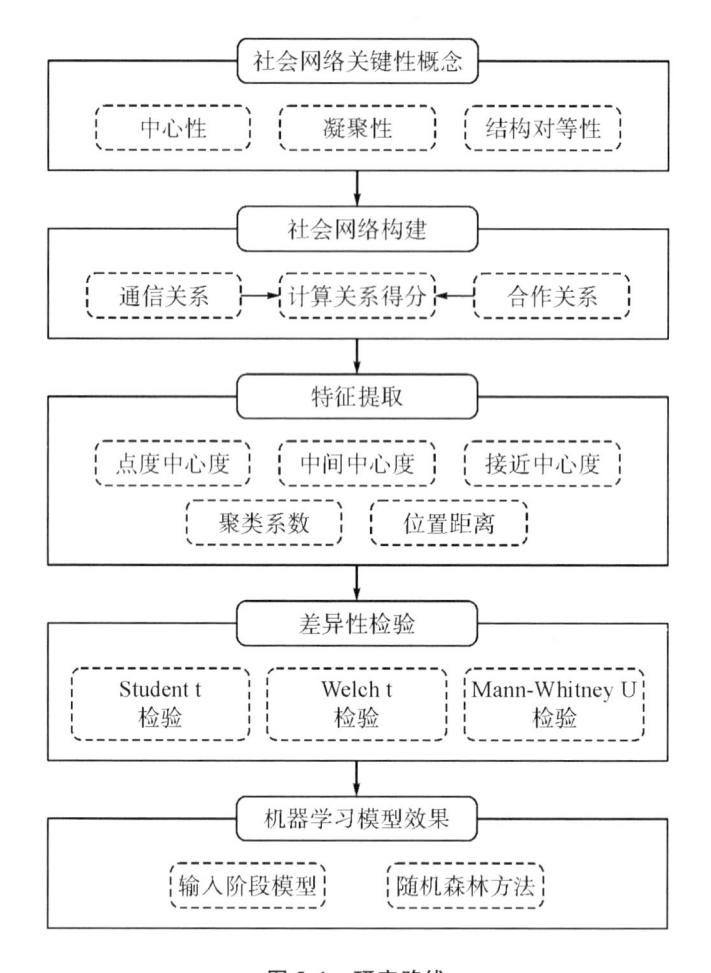

图 5.1 研究路线

图 5.2 展示了 2014 年平台用户参与项目与消息发送数量。图 5.2（a）显示，单个用户发起的项目数一般在 1~5 个，绝大多数在 10 个以下，只有少数超过 10 个。图 5.2（b）显示，这些用户相互发送的消息数一般不到 20 次，少数用户在 20~40 次，很少有超过 40 次的。

(a) 项目数

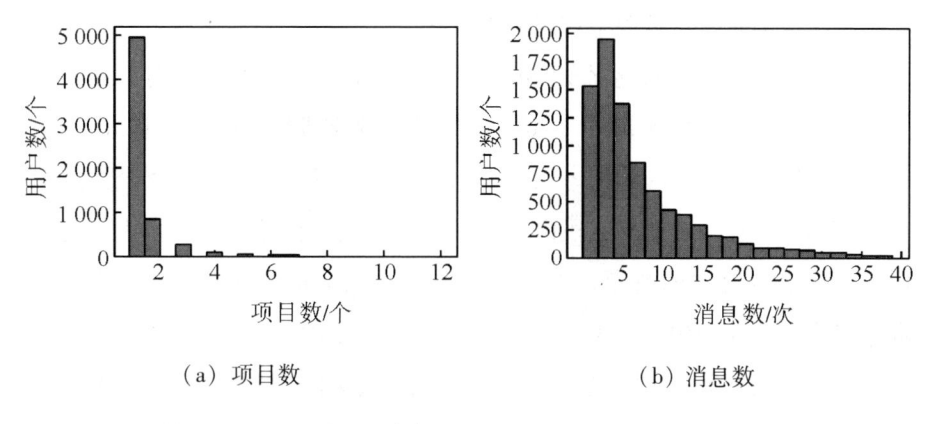

(b) 消息数

图 5.2　2014 年平台用户参与项目与消息发送数量柱状分布图

5.3.2　网络构建与网络结构特征提取

关系强度的概念被美国社会学家 Granovetter（1977）于 1977 年首次提出，他将关系分为强关系和弱关系，并提出弱关系是信息传递中重要的信息桥。因为通过强关系获得的信息通常重复性较高，而弱关系比强关系更能跨越社会界限去获得信息和其他资源。相反，边燕杰（2012）在针对中国的研究中提出，与美国的弱关系社会不同，中国是一个强关系社会。换言之，在中国，比起通过弱关系而获得的信息的广度与多样性，通过强关系得到的确定且有力的帮助更为重要。而 Wellman 和 Wortley（1990）指出，社会网络分析中的关系连接在内容和强度上都会有所不同，通常是不对称地相互作用，也就是说，社会网络节点间可能同时拥有多种关系，也伴随着不同的强度。例如，A 和 B 既是商业合作者，又是多年同学，那么 A 和 B 就拥有了两层关系——合作者与同学；同时，多年同学意味着联系的时间跨度很长，加强了两者之间的关系强度；此外，如果 A 和 B 为夫妻，那么他们则具有更加紧密的法律层面的关系连接。本章研究根据平台的实际情况，考虑在平台上的所有用户之间不同关系强度的两种关系。一种是合作关系，即一个用户参与了另一个用户发起的项目，并最终被选中，这种关系被定义为强联系。另一种是通信关系，平台具有私信功能，如果用户有任何兴趣或问题，他们可以通过私信进行交流，两个用户在平台上发送了消息，这种关系被定义为弱联系。

当然，事物是不断变化发展的，用户之间建立的联系随着时间变化其作用也会变化，如姚越越等（2018）的媒体效应研究中的热度衰减一样，新闻的热度会随着时间的流逝以及大众的关注度降低而衰减，直至热度消失。相似地，在一定的时间段内，互联网用户之间会基于某个行为而建立联系，但随着时间的流逝，不经常联系的关系会逐渐被遗忘、消失。因此，在本章的模型中，模型的动态更新就是基于用户联系的产生和消失，各个节点之间的关系也随之发生变化。根据众包平台的实际情况，本章将用户的两种联系的时间范围定义为 3 个月内，如果联系时间超过 3 个月，则不计入模型的关系构建中。也就是说，如果用户是在 3 个月前具有合作关系或者通信关系，那么本章假设其关系强度已经削弱，不再构成网络中的有效关联。

在 9 282 个项目中，9 270 个已经完成了选标，发起方和中标人达成了合作关系，即 2014 年一共有 9 270 个合作关系。由于发送行为是有目标的，因此用户可以向另一个用户发送任何信息以达成通信关系。6 241 个用户发送了 139 924 条私信，这意味着 2014 年的网络中一共具有 139 924 条通信关系。同时，考虑到合作关系与通信关系的即时性和有效性，本章研究将行为发生的时间设置为 3 个月以内，也就是本书中的网络构建是滑动时间，窗口区间为 3 个月，并每天更新。

每个平台用户就是一个网络节点，在构建反映两个用户之间关系强度的社会网络时，一般使用两个用户的关系得分来构建社交网络，并根据关系强度赋予关系不同的权重（Pak et al., 2014）。在本章研究中，$score_b$ 代表合作关系，如果一个用户在观察日期前 3 个月内与一个用户合作，则 $score_b$ 为 1，否则为 0。类似地，$score_m$ 代表通信关系，如果一个用户在观察日期前 3 个月在平台上向另一用户发送过消息，则 $score_m$ 为 1，否则为 0。基于两种强弱关系，本章采用两种关系的综合得分指标作为两个节点间边的权重，并设定强联系合作关系权重为 1，弱联系通信关系权重为 0.5。根据式（5.1），计算出了代表两个用户之间关系强度的分数，即关系得分计算如下：

$$score = score_b + score_m \times 0.5 \tag{5.1}$$

其中，如果两个用户之间存在合作关系，则 $score_b = 1$；如果两个用户之间存在通信关系，则得分 $score_m = 1$。

本章使用 Python 中的 networkX（http://networkx.github.io/）软件包进行建网以及相关指标的计算，networkX 可以以标准化和非标准化的数据格式存储、建立网络，并进行网络结构分析等。本章具体的建网分析过程如下：第一，提取当天所有项目的发起方 ID，这些用户就是这个网络构建的初始节点；第二，提取这些节点在此项目发布之前 3 个月内的历史关系，包括合作关系与通信关系；第三，将这些历史关系节点加入网络，计算关系节点间的关系得分，则网络初步构建完成；第四，确认并添加现有网络中所有节点两两之间 3 个月内的合作关系与通信关系，并计算其关系得分；第五，计算中心性与凝聚性相关指标，并进行结构对等性分析。网络构建示意图如图 5.3 所示，实线为合作关系，虚线为通信关系。可以看出，通过关系得分计算累加，如果节点间存在任何一种关系则构建网络。其中，合作关系的边的权重大于通信关系，如果同时存在两种关系，则两节点之间的边的权重最大。值得一提的是，在本书中，网络将随着平台用户的关系更新而每日更新，时间滑动窗口为 3 个月，在 2014 年中，则存在 365 个不同的网络。

用户的点度中心度、中间中心度、接近中心度、聚类系数、结构对等性分析计算方法如下（刘军，2004），通过 Python 中 networkX 软件包中的函数实现。

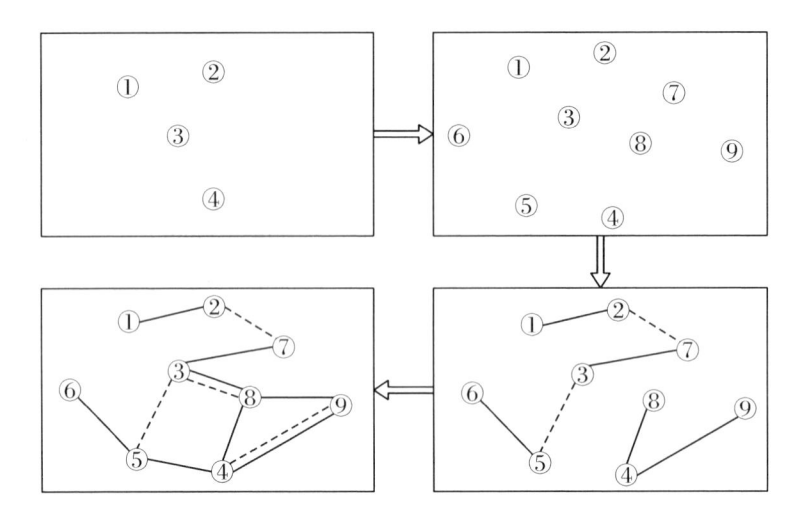

图 5.3 网络构建示意图

（1）点度中心度的测量，首先，计算与此点直接相关的点的数量，即绝对点度中心度。其次，利用相对点度中心度来更合理地度量节点与其他节点之间的关联度。公式如下：

$$C_{AD_i} = d(i) = \sum_j X_{ij} \tag{5.2}$$

$$C_{RD_i} = d(i)/(n-1) \tag{5.3}$$

其中，n 是网络中的节点数量，A 代表绝对数（absolute numbers），R 代表相对数（relative numbers），D 代表点度中心度。

（2）接近中心度反映了一个节点到其他节点的距离，即该节点到所有其他节点的距离之和的倒数。其公式如下：

$$C_{AP_i}^{-1} = \sum_j d_{ij} \tag{5.4}$$

$$C_{RP_i}^{-1} = C_{AP_i}^{-1}/(n-1) \tag{5.5}$$

其中，n 是网络中的节点数量，P 代表接近中心度。

（3）中间中心度反映了一个节点在其他节点对之间的程度，即任意两个不相同节点之间的最短路径数与最短路径总数之比的总和。中间中心度的计算公式如下：

$$C_{AB_i} = \sum_{j<k} b_{jk}(i) = \sum_{j<k} g_{jk}(i)/g_{jk} \tag{5.6}$$

其中，b_{jk} 是 j 和 k 之间的测地距离，B 代表中间中心度。

为了比较不同网络中不同节点的中间中心度，进一步计算了相对中间中心度：

$$C_{RB_i} = 2\, C_{AB_i}/[(n-1)(n-2)] \tag{5.7}$$

（4）基于节点的聚类系数，针对性地分析每个节点和相邻点之间的联系。在网络中，如果节点 A 连接到节点 B，节点 B 连接到节点 C，那么节点 C 很可能连接到节点 A，这种现象反映了一些节点之间的紧密连接。聚类系数（clustering coefficient，CC）可以用来表示节点 B 的聚类系数。

$$CC_B = n/C_k^2 = 2n/k(k-1) \tag{5.8}$$

其中，k 是节点 B 的所有相邻节点的数目，n 是节点 B 的所有相邻节点彼此连接的边的数目。

（5）结构等价性是基于网络位置的分析，它关注节点是如何嵌入网络中的。具体是指网络中的两个或两个以上的节点，它们受同一关系支配，因而具有结构上的等价性。也可以说，在同一网络关系中，如果两个节点相互替换后不改变整个网络结构，那么两者在结构上是等价的。沿用 Pak 和 Zhou（2014）的方法，本章基于点度中心度、接近中心度、中间中心度和聚类系数四个维度来计算每两个节点之间的欧氏距离。对于 X、Y 两点，n 个维度的指标，欧氏距离的计算公式如下：

$$\text{dist}(X, Y) = \sqrt{\sum_{i=1}^{n}(x_i - y_i)^2} \tag{5.9}$$

由于结构等价性的分析是关系分析，不是节点本身的数值计算，不能直接进行显著性差异检验，为此本章设计了一个对比试验，根据是否为欺诈项目，将样本数据集分为两组，分别是欺诈与欺诈组、欺诈与非欺诈组。接下来，对这两组样本进行曼-惠特尼秩和检验，检验其是否具有显著差异，也就是检验欺诈和欺诈节点之间的距离以及欺诈和非欺诈节点之间的距离是否存在显著差异。最后，如果 p 值小于 0.05，则表示欺诈节点和欺诈节点之间的欧氏距离以及欺诈节点和非欺诈节点之间的欧氏距离存在显著差异，即欺诈节点与非欺诈节点具有不同的网络位置。否则，就意味着网络中的欺诈节点和非欺诈节点的结构是一致的，网络位置不存在显著差异。简而言之,如果欺诈与非欺诈组节点的相似度不大,同时欺诈与欺诈组节点的相似度高,那么就可以证明假设 H5-3 成立。

5.4 研究结果

5.4.1 中心性与凝聚性分析结果

基于 365 个社交网络,以项目启动日期为观察时间,判断项目之间的关系,计算项目发起时各项目发起方节点的点度中心度、中间中心度、接近中心度和聚类系数。2014 年的数据集一共有 138 个欺诈项目,9 144 个合规的项目,样本被划分为欺诈性和非欺诈性两组,描述性统计结果如表 5.2 所示。

表 5.2 2014 年所有用户中心性与凝聚性指标描述性统计结果

	指标	样本量	均值	标准差	最小值	最大值
欺诈	点度中心度（degree_centrality）	138	0.000 0	0.000 1	0.000 0	0.000 9
	中间中心度（betweenness_centrality）	138	0.000 1	0.000 3	0.000 0	0.003 4
	接近中心度（closeness_centrality）	138	0.038 3	0.077 1	0.000 0	0.234 4
	聚类系数（clustering）	138	0.000 0	0.000 0	0.000 0	0.000 0
非欺诈	点度中心度（degree_centrality）	9 144	0.000 4	0.001 4	0.000 0	0.010 1
	中间中心度（betweenness_centrality）	9 144	0.001 1	0.004 7	0.000 0	0.038 0
	接近中心度（closeness_centrality）	9 144	0.079 0	0.101 1	0.000 0	0.279 7
	聚类系数（clustering）	9 144	0.001 6	0.027 8	0.000 0	1.000 0

从表 5.2 中可以看出,欺诈组和非欺诈组之间是存在一定差异的。平均而言,欺诈组的点度中心度、中间中心度、接近中心度和聚类系数四个指标均低于非欺诈组。特别地,欺诈组的聚类系数均为 0,这代表欺诈用户的相邻节点间是没有联系的,与非欺诈组也有所不同。因此,本书推测,社会网络关系的这些特征指标很可能具有有效区分度,并有助于欺诈检测。

由于样本量具有巨大差异，且非欺诈组样本数量过大，t 检验可能失效，为了进一步验证指标差异的显著性，本节采用了检验功效较强、应用范围最广的非参数检验曼-惠特尼秩和检验（Mann-Whitney U 检验），其零假设和备择假设的基础是：如果两个样本有差异，它们的中心位置将不同。检验结果如表 5.3 所示。

表 5.3　中心性与凝聚性的 Mann-Whitney U 检验结果

指标	U 值	p 值	欺诈组与非欺诈组
点度中心度（degree centrality）	7 183.0	0.00	有显著差异（H5-1a）
中间中心度（betweenness centrality）	7 048.0	0.00	有显著差异（H5-1b）
接近中心度（closeness centrality）	7 156.0	0.00	有显著差异（H5-1c）
聚类系数（clustering）	8 418.0	0.00	有显著差异（H5-2）

结果表明，点度中心度、中间中心度、接近中心度和聚类系数的 p 值均小于 0.01，说明在置信水平为 0.01 的情况下，具有欺诈意图用户的点度中心度、中间中心度、接近中心度和聚类系数与一般合规用户的指标显著不同，假设 H5-1a、H5-1b、H5-1c、H5-2 均得到支持。

从以上结果可以看出，欺诈意图可以从社会网络中心性和凝聚性的相关指标，也就是点度中心度、中间中心度、接近中心度和聚类系数四个方面进行识别。根据表 5.2，具有欺诈意图的用户可能具有较低的点度中心度、中间中心度和接近中心度。因此，当用户在平台上发起项目时，平台如果检测用户的社会网络中心性相关指标远低于平均水平，有理由怀疑他可能会具有欺诈意图或者行为，并进一步进行持续关注，以避免其他用户和平台受损失。特别地，聚类系数为 0 的用户则更有可能会产生欺诈行为，因为从表 5.2 可以看出，欺诈组发起方的聚类系数全部为 0，这意味着欺诈用户的相邻节点间是没有联系的，往往并没有处于一个较为紧密的群体之中，这与其他类别的欺诈检测，如虚假评论和犯罪网络的检测研究结论相反（Chen et al., 2004；Luca et al., 2016）。

5.4.2 结构对等性分析结果

基于是否为欺诈项目,将样本数据集分为两组,分别是欺诈与欺诈组、欺诈与非欺诈组。欺诈与欺诈组样本量为 9 453(138×137/2),欺诈与非欺诈组样本量为 1 261 872(138×9 144)。然后,依据点度中心度、中间中心度、接近中心度和聚类系数,计算每两个节点之间的欧氏距离,描述性统计结果如表 5.4 所示。

表 5.4 用户节点间欧式距离描述性统计结果

组别	样本量	均值	标准差	最小值	最大值
欺诈-欺诈组	9 453	0.062 7	0.089 2	0.000 0	0.234 4
欺诈-非欺诈组	1 261 872	0.090 0	0.102 4	0.000 0	1.027 8

为了检验欺诈样本与欺诈样本之间、欺诈样本与非欺诈样本之间的距离是否存在显著性差异,同样采用上述采用曼-惠特尼秩和(Mann-Whitney U)非参数检验,结果如表 5.5 所示。

表 5.5 结构对等性的 Mann-Whitney U 检验结果

指标	U 值	p 值	欺诈-欺诈组与欺诈-非欺诈组
结构对等性	4 988 685 463.0	0.00	有显著差异(H5-3)

可以看出,p 值远小于 0.01,因此欺诈样本与欺诈样本之间的距离与欺诈样本与非欺诈样本之间的欧式距离存在显著差异。也就是说,欺诈性样本与非欺诈性样本具有不同的网络位置,存在显著的结构差异。综上所述,欺诈与非欺诈组节点的距离较小,相似度不大,同时欺诈与欺诈组节点的距离较大,相似度高,因此,可以证明假设 H5-3 成立。

5.5 机器学习预警模型的效果提升

为了进一步分析点度中心度、中间中心度、接近中心度和聚类系数对欺诈检测的影响，本节将以上特征加入实际的欺诈检测中，验证其是否能够帮助提升模型预测性能。由于 2014 年数据集一共有 138 个欺诈项目，从原始的不平衡数据集中随机选择 138 个合规的项目，形成一个新的平衡数据集，并以此平衡数据集对本章假设结果进行再次验证。基于平衡数据集的检验即是本章假设的稳健性检验，同时，在经过检验后，本节将基于此数据集进行模型预测性能提升验证。详细来说，第一，提取 276 个项目的发起方 ID 和中标者 ID，这些用户就是这个网络构建的初始节点；第二，提取这 276 个项目发布之前 3 个月内这些节点的历史关系，包括合作关系与通信关系；第三，将这些历史关系节点加入网络，则网络初步构建完成；第四，确认并添加现有网络中所有节点两两之间 3 个月内的合作关系与通信关系；第五，计算中心性与凝聚性的相关指标。平衡数据集样本被划分为欺诈性和非欺诈性两组，描述性统计结果如表 5.6 所示。

表 5.6 用户中心性与凝聚性指标描述性统计结果

	指标	样本量	均值	标准差	最小值	最大值
欺诈	点度中心度（degree_centrality）	138	0.000 0	0.000 1	0.000 0	0.000 9
	中间中心度（betweenness_centrality）	138	0.000 1	0.000 3	0.000 0	0.003 4
	接近中心度（closeness_centrality）	138	0.038 3	0.077 1	0.000 0	0.234 4
	聚类系数（clustering）	138	0.000 0	0.000 0	0.000 0	0.000 0
非欺诈	点度中心度（degree_centrality）	138	0.000 7	0.002 0	0.000 0	0.010 1
	中间中心度（betweenness_centrality）	138	0.002 0	0.006 9	0.000 0	0.038 1
	接近中心度（closeness_centrality）	138	0.086 3	0.104 8	0.000 0	0.257 5
	聚类系数（clustering）	138	0.000 7	0.005 7	0.000 0	0.066 7

从表 5.6 中可以看出，欺诈组和非欺诈组之间是存在一定差异的。平均而言，欺诈组的点度中心度、中间中心度、接近中心度和聚类系数四个指标均低于非欺诈组。特别地，欺诈组的聚类系数均为 0，与非欺诈组也有所不同。由于数据集为小样本平衡数据集，为了进一步验证指标差异的显著性，本章进行了 t 检验，并采用 Levene 检验来检验两组是否具有方差齐性，结果如表 5.7 所示。

表 5.7　Levene **方差齐性检验**

指标	statistic	p-value
点度中心度（degree centrality）	11.537 3	0.000 7
中间中心度（betweenness centrality）	9.279 6	0.002 3
接近中心度（closeness centrality）	0.033 0	0.855 8
聚类系数（clustering）	0.869 1	0.351 2

可见，点度中心度和中间中心度的 p 值均小于 0.05，可直接采用 Student t 检验进行进一步的参数检验。接近中心度和聚类系数的 p 值远大于 0.05，因此这两个指标的方差是非齐次的，t 检验时采用 Welch t 检验（Levene，1961）。基于上述结果，对欺诈样本和非欺诈样本的各项社会网络指标进行了 t 检验，检验两组均值是否具有显著差异，结果如表 5.8 所示。

表 5.8　**中心性与凝聚性 t 检验结果**

指标	t 值	p 值	欺诈组与非欺诈组
点度中心度（degree centrality）	-3.89	0.00	有显著差异（H5-1a）
中间中心度（betweenness centrality）	-3.41	0.00	有显著差异（H5-1b）
接近中心度（closeness centrality）	-4.44	0.00	有显著差异（H5-1c）
聚类系数（clustering）	-2.47	0.06	有显著差异（H5-2）

结果表明，与原始数据集结果一致，点度中心度、中间中心度和接近中心度的 p 值均为 0，小于 0.01，说明在置信水平为 0.01 的情况下，具有欺诈意图用户的点度中心度、中间中心度和接近中心度与一般合规用户的

指标显著不同，支持假设 H5-1a、H5-1b、H5-1。然而，聚类系数的 p 值为 0.06，小于 0.1，说明在置信水平为 0.1 的情况下，具有欺诈意图用户的聚类系数与一般合规用户的指标显著不同，支持假设 H5-2。

从以上结果可以看出，欺诈意图可以从社会网络中心性和凝聚性相关指标，也就是点度中心度、中间中心度、接近中心度和聚类系数四个方面进行识别。基于第 4 章的研究，本章选择了预测效果最好的随机森林机器学习模型，该算法利用 bootstrap 重采样从原始样本中提取多个样本，并用决策树对每个 bootstrap 样本进行建模。然后将多个决策树的预测结果结合起来，通过投票得到最终的预测结果。同时继续使用 10 倍交叉验证来避免过度拟合，并得到一个混淆矩阵来评估模型的性能。本书期望在发起方发起项目的第一阶段，利用社会网络结构特征的潜在预测能力，提高对于发起方欺诈意图的识别与判断准确度。因此，将第 4 章的 I-P-O 分阶段框架的第一阶段模型视为基础模型，并命名为模型 1。第一阶段，即输入阶段的特征包括项目信息、发起方信息以及项目语言信息，特征如表 5.9 所示。

表 5.9 输入（input）阶段特征（模型 1）

	特征	解释
项目	pro_total_ammount	项目奖励金额
	pro_duration	项目持续时长
发起方	fabu_has_truename	发起方是否有真实姓名，1=是，2=否
	fabu_sex	发起方性别，1=男，2=女
	fabu_has_jieshao	发起方是否有自我介绍，1=是，2=否
	fabu_hits	发起方的被点击量
	fabu_has_group	发起方是否参与平台小组，1=是，2=否
	fabu_canyu_quantity	发起方历史参与项目数量
	friends_fabu_quantity	发起方好友数量

表5.9(续)

特征		解释
项目语言特征	Affect_ratio	正负面词与总词数对的比例
	Pos_affect	正面词汇与词汇总数的比例
	Neg_affect	负面词汇与词汇总数的比例
	avg_sentenceLength	每句话的平均字数
	avg_wordLength	每个单词的平均字数
	Pausality	标点符号与句子总数的比例
	lexical_diversity	不同单词的数量与总单词数量的比例
	group_reference	连接到组的单词（如我们、我们的、咱们等）与单词总数的比例
	individual_reference	与个人相关的单词的比例，即第一人称（如我、本人、自己等）、团体（如我们、我们的、咱们等）和读者（如你、你的、你们、你们的等）与单词总数的比例
	self_reference	连接到第一人称说话人的所有单词（如我、我自己、本人等）与单词总数的比例
	sentence_quantity	所有句子的数量
	verb_quantity	所有动词的数量
	word_quantity	总词数
	perceptual_information_and_sensory_ratio	与感知和感官相关的单词数量与单词总数的比例

在模型中加入经过检验的具有显著差异的社会网络的中心性和凝聚性的相关特征指标，即发起方在发布项目之前3个月内的关系所建网络所计算出的点度中心度、中间中心度、接近中心度和聚类系数，并对其进行了重新训练，称之为模型2。基于276个项目的平衡数据集，利用随机森林分类器来分别判断2个模型中项目发起方的欺诈意图。表5.10展示了10倍交叉验证后2个模型的性能。对于每一个模型，分别从准确率（accuracy）、精确率（precision）、召回率（recall）、F1分数（F1 score）和AUC指标进行了评价。可以看出，各项指标均有一定的提升。

表 5.10 模型 1 与模型 2 的结果

模型	准确率 (accuracy)	精确率 (precision)	召回率 (recall)	F1 分数 (F1 score)	AUC
模型 1	0.670 2	0.702 8	0.667 2	0.661 4	0.768 2
模型 2 (添加特征)	0.673 5	0.796 6	0.699 7	0.681 7	0.792 4

此外，为了检验新增加的中心性相关特征的改善效果是否显著，进一步进行了麦克尼马尔检验（McNemar Test），比较了两种模型的性能。结果如表 5.11 所示。可以看出，新增加的特征显著提高了随机森林模型的性能，表明社会网络的相关特征，即点度中心度、中间中心度、接近中心度和聚类系数的确有助于欺诈检测效果的提升。

表 5.11 麦克尼马尔检验（McNemar Test）结果

模型 1 VS. 模型 2	chi2	p-value
	3	0.035 2

5.6 研究结论

本章研究结果表明，欺诈用户与非欺诈用户节点的点度中心度显著不同（H5-1a）。点度中心度是其与节点直接相关的链接数，也就是在整体网络中与该节点存在实际互动关联的行动者数量。相较而言，欺诈组更低的点度中心度可能意味着欺诈用户与其他用户更少的互动关系，具有更多的社会关系与互动的行动者可能为了保持自己的形象与信任度而不会实行欺诈行为。

同时，欺诈用户与非欺诈用户节点的中间中心度显著不同（H5-1b）。中间中心度是通过节点的测地线（任意两个节点之间的最短路径）的数目，度量节点对资源的控制程度。相较而言，欺诈组更低的中间中心度可能意味着欺诈发起方并不是中间传递使者的角色，信息交换与沟通频率并不高。

此外，欺诈用户与非欺诈用户节点的接近中心度显著不同（H5-1c）。接近中心度体现的是一个点与其他点的近邻程度，接近中心度的值可以表示节点受到其他节点的影响和控制的程度，值越小，意味着节点可能处于网络中较为核心的位置，越容易通过各种路线到达，越不易受影响和控制。相较而言，欺诈组更低的接近中心度则表明了该用户到其他用户的距离较短，则该用户的影响力可能较大。也就是说，虽然欺诈组用户在众包平台社会网络中与其他用户的互动联系不多且范围不广，但是其所有联系的距离很近，也就是直接联系多，而间接联系少。可以看出，具有欺诈意图的发起方可能具有目的性强而社交网络窄的特性。

不仅如此，欺诈用户与非欺诈用户节点的凝聚性（聚类系数）显著不同（H5-2）。基于节点的聚类系数，在网络中，如果节点 A 连接到节点 B，节点 B 连接到节点 C，那么节点 C 很可能连接到节点 A，这种现象反映了一些节点之间紧密连接，可以探查节点是否处于一个较为紧密的群体之中。欺诈组与非欺诈组用户节点的聚类系数具有显著差别，且欺诈组用户的聚类系数均为 0，这意味着具有欺诈意图的用户节点的相邻节点间是没有联系的，也就是在众包竞赛的环境中，具有欺诈意图的用户往往并没有处于一个较为紧密的群体之中，这与其他类别的欺诈检测，如虚假评论和犯罪网络的检测研究结论相反（Chen et al., 2004; Luca et al., 2016）。总的来说，具有欺诈意图的用户与其他用户连接非常少，在网络中独立，与中心性探查结果一致，再次证实了众包竞赛环境下，发起方的欺诈意图产生的针对性和执行力强，目前的平台管理机制对发起方的束缚作用不大。同时，与其他类别的线上欺诈不同，发起方并不需要有意建立关系网络或吸引用户而帮助其完成欺诈行为，仅凭其自身，就能有效获取工作者的知识成果，并且不用付出任何奖励。

另外，欺诈用户与非欺诈用户节点的网络位置存在显著差异，不具有结构对等性（H5-3）。研究结果显示，欺诈节点和欺诈节点之间的欧氏距离以及欺诈节点和非欺诈节点之间的欧氏距离存在显著差异，即欺诈节点与非欺诈节点具有不同的网络位置。欺诈性样本与非欺诈性样本具有不同的网络位置，存在显著的结构差异。欺诈与非欺诈组节点的距离较大，相似度不高，同时欺诈与欺诈组节点的距离较小，相似度较高，因此，具有相似网络结构的众包发起方可能拥有相似的欺诈意图产生可能性。

最终，经过检验的具有显著差异的社会网络的四个中心性和凝聚性相关特征指标，即点度中心度、中间中心度、接近中心度和聚类系数，被加入输入-处理-输出（I-P-O）框架的输入阶段模型中，以增强模型对于高概率产生欺诈意图的用户的识别。结果证实，社会网络的相关特征显著提高了随机森林模型的性能，有助于欺诈检测效果的提升。

5.7　本章小结

由于众包竞赛发起方的知识成果驱动特性，传统的从发起方或项目信息中提取的单一属性检测线索效用可能会降低或者失效。在开放式创新平台中，二元属性即关系网络可能比单一来源的属性更能有效识别用户的潜在行为。如果需要提前判断项目发起方是否具有欺诈意图，那么发起方在网络中现阶段所处的位置是很重要的。

本章以众包平台为基础，引入社会网络分析方法，分析具有欺诈行为的发起方的内在结构和特征，并探究了如何利用社会网络的关键概念有效地检测出潜在的恶意发起方。准确来说，本章首先探寻了欺诈发起方与合规用户相比是否具有不同的社会网络结构，即中心性、凝聚性与结构对等性。其中，中心性的量化指标为节点的点度中心度、中间中心度、接近中心度；凝聚性的量化指标为节点的聚类系数；结构对等性的量化则设计了一个对比试验进行两两节点间距离的测量，并检验欺诈组与非欺诈组节点间差异的显著性。结果显示，欺诈节点与合规节点的点度中心度、中间中心度、接近中心度和聚类系数都具有显著差异，同时，两组节点的网络位置也存在显著差异，不具有结构对等性。因此，在众包平台的社会网络中，具有欺诈意图的发起方确实具有特殊的网络特征与位置，而通过挖掘欺诈节点的结构作为欺诈群体的特征值，则证实具有相似网络特征与位置的众包发起方具有相似的欺诈意图产生可能性。最终，经过检验的具有显著差异的社会网络的四个特征指标被加入输入-处理-输出（I-P-O）框架的输入阶段模型中，结果证实，社会网络的相关特征显著提高了随机森林模型的性能，的确有助于欺诈检测效果的提升。

本章研究是将社会网络分析信息作为众包欺诈检测来源的首次尝试，通过构建动态的众包平台用户关系网络，证实了社会网络的相关指标可以作为众包利益相关者更好地评估与发起方相关风险的一个有效特征，拓展了开放式创新的研究范围和社会网络分析在欺诈检测领域的应用范围，提高了众包用户的积极性，进一步推动了开放式创新的发展。

6 研究结论与展望

本章对全书的研究工作进行了总结，对研究中存在的不足进行了分析和反思，并对于未来可能进行的众包风险防控研究与线上欺诈检测领域研究进行了展望。

6.1 研究结论

现代管理学之父彼得·德鲁克（Peter F. Drucker）曾提出，企业之间的竞争不再局限于产品之间的竞争，更是商业模式之间的竞争。企业只有追求持续不断的创新，不断探索新的商业模式，才能适应激烈的市场竞争环境。企业通过有效整合外部资源进行开放式创新，则能够以更低的成本、更快的速度获得更多的收益与更强的竞争力。伴随着计算机技术的迅速发展，以互联网为媒介的众包创新应运而生，逐渐成为企业开放式创新的主导模式。众包模式利用愈发普及的互联网，以"用户创造内容"为核心，充分发挥大众的创新热情和能力。众包工作者分布世界各地，一方面，既能博采众长、群策群力、提高创新质量；另一方面，与工作者的临时合作模式也大大降低了企业的创新成本，彰显出其卓越的商业能力和商业价值。

尽管众包在开放式创新上具有明显的优势，然而往往一个新的商业模式也会伴随着新的问题，基于网络的众包平台，信息安全和诚信是困扰其发展的重要因素。在不同类型的众包项目中，众包竞赛类项目被认为是企业或组织获取高质量的相关任务方案的重要渠道，众包竞赛项目也在实际应用中多被用于创意类任务即知识产品的生产（Boudreau et al.，2013）。众包竞赛是工作者自愿提交作品的一对多的参与形式（同一个任务下对应多个工作者），工作者需要相互竞争才可以获得相应奖励，往往最终获得奖励的只有一个或者少数几个工作者。众多工作者加入众包竞争任务中，工作者们的提交的解决方案实质上就是知识成果，而在企业收集到这些知识成果的时候，知识成果保护的风险问题随之而来。具有道德风险和机会主义行为的恶意发起方有充分的机会和方式来盗用解决方案，而不奖励工作者，同时，互联网的开放性使得技术和知识的共享程度增大，知识成果保护风险加大。知识成果风险的相关问题阻碍了工作者的利益实现，在一定程度上导致了工作者流失的问题日趋严重（Ghezzi et al.，2018），从而影响了发起方对群体智慧的有效利用，最终限制了众包平台以及开放式创新的持续发展。特别是在众包竞赛环境下，工作者提出的方案往往还不够成熟，不足以得到专利保护，因此，探寻有效的方法，提前避免该风险的产生以及及时控制风险后果、弥补损失就显得至关重要。

目前，由平台工作人员人工判别欺诈发起方既费时又费力，且对于众包竞赛这种以知识成果为驱动，而非以金钱为驱动的欺诈行为的研究还停留在理论层面，以往研究中的欺诈检测线索很有可能效果不佳甚至失效；同时，计算机技术在此领域的应用缺失，导致智能化自动检测发起方的欺诈行为具有挑战性。为了应对这一挑战，本书选择开放式创新的众包发起方欺诈行为作为研究的主要内容，深入探讨在以知识成果为导向的众包竞赛中各类线索对线上欺诈检测的价值；同时，基于机器学习方法，构建了有效的欺诈预警系统，完成了对众包竞赛项目的自动跟踪和监控，实现了对风险因素的全程控制和预警。具体来说，首先，基于传统的欺诈理论，本书针对众包环境中以知识成果为目标的欺诈行为做出分析，同时考虑到结构化与非结构化数据信息的量化，利用各种机器学习方法验证了各类型检测线索的有效性与价值。其次，本书以流程视角的输入-处理-输出（I-P-O）阶段划分为基本框架，构建了一个智能化欺诈检测系统，通过对众包竞赛的自动跟踪和监控，实现了对风险因素的全程控制和预警。最后，本书引入社会网络分析方法，验证了社会网络中的二元特征对于欺诈意图判别的有效性，并通过输入阶段模型加入网络特征前后对比试验，进一步提高了分阶段预警系统的风险防控能力。本书主要得出以下结论：

（1）动静态语言线索对于检测发起方的欺诈行为具有重要价值。各种语言线索，如单词和句子的数量、情感和在线环境中的感知信息，都可以作为有用的指标（Hancock et al.，2009；Zhou et al.，2004）。虽然本书没有纳入语言信息的内容线索，但考虑到发起方的目的是为了获得一个满意的解决方案，发起方的欺诈意图所泄露的语言结构线索足以分辨出他们与合规者之间的差异。此外，静态和动态的非语言线索对于检测发起方的欺诈行为同样具有重要价值，这是线上环境的劣势，也是优势。虽然不能获取面对面的表情、手势、动作等信息，但是线上环境可以捕捉到用户的整个在线行为轨迹，如过去的参与行为或决策行为。众包竞赛环境中的非语言线索主要有两类来源：一类是用户自身的属性特征，如姓名、年龄等；另一类是用户在平台上的在线行为特征，如过去的参与、互动记录以及决策行为。因此，通过对这类结构化数据的获取和量化，机器学习模型就能对违规用户做出较为准确的识别判断。例如，欺诈项目的中标人确实是经验不足、工作积极性较低的工作者。如果发起方选择基本信息不在预期范围内的中标人，很可能就涉嫌欺诈，此时的中标者通常是发起方的共谋者或者是发起方本人。因此，在线上欺诈检测中，非语言线索是不可忽视的，用户的线上行为可以像表情、手势和动作一样有效。但是，对比结果显示语言线索比非语言线索更有价值，静态线索比动态线索更有价值。原因可能是在众包背景下，欺诈项目与其他环境的欺诈行为（如虚假评论）的数量差异巨大，某个账号或者用户的欺诈行为可能不会重复发生，过往的参与行为没有明显的差异性，检测效用相对较弱。同时，在众包环境中的欺诈行为可能是临时起意，过往行为信息的参考价值不如当期更为直接表达的语言线索，但是其效用依然不能被忽视。因此，在线上环境下，无论是语言线索还是非语言线索，无论是动态线索还是静态线索，任何线索只要能被捕捉到，都应该得到充分的获取和有效的利用。

（2）本书提出的输入-处理-输出（I-P-O）框架三个阶段均得到了令人满意的预测结果。不同的项目进程中，用于检测与判断欺诈的依据与特征也不同，随着这一过程的不断深入，逐步向每个阶段添加新的特征，越是靠后，可以得到的信息越来越多，依据与特征越丰富，判断也越准确。具体而言，在每个阶段的分类器中加入新的特征后，召回率即查全率都提高了，这意味着从原始实际欺诈项目中被识别出的真实欺诈项目的比例增加了，也就是随着项目的发展、特征数量的增加使得预测模型的欺诈检测能力增强了，模型预测能力逐步上升，这表明基于流程视角的线上欺诈检测模型可以为众包平台上的欺诈防控工作提供有效的助力。根据实时监测预警系统样本可以看出，一些项目在输入阶段就显现出了非常高的欺诈概率，而有些项目的欺诈概率在处理或者输出阶段才显著增高。因此，分阶段的检测是非常有必要的，输入和处理阶段发现发起方的欺诈意图，高度关注欺诈概率大的发起方，开展沟通、警示等干预活动，可以防止和减少欺诈行为的发生。此外，随机森林分类器的预测精确率在各个阶段中都是最高的，根据随机森林分类器中特征的重要度排序，再次证实了前文的研究结果，语言线索与非语言线索都是线上欺诈检测中不可或缺的信息。在监测框架的构建中，不应该忽略其中任何一种信息。

（3）基于社会网络分析，欺诈用户与非欺诈用户节点的中心性指标，即点度中心度、中间中心度和接近中心度均具有显著差异。首先，点度中心度是其与节点直接相关的连接数，也就是在整体网络中与该节点存在实际互动关联的行动者数量。相较而言，欺诈组更低的点度中心度可能意味着欺诈用户与其他用户更少的互动关系，具有更多的社会关系与互动的行动者可能为了保持自己的形象与信任度而不会实行欺诈行为。同时，中间中心度是通过节点的测地线（任意两个节点之间的最短路径）的数目，度量节点对资源的控制程度。相较而言，欺诈组更低的中间中心度可能意味着欺诈发起方并不是中间传递使者的角色，信息交换与沟通频率并不高。而接近中心度体现的是一个点与其他点的近邻程度，接近中心度的值可以表示节点受到其他节点的影响和控制的程度，值越小，意味着节点可能处于网络中较为核心的位置,越容易通过各种路线到达,越不易受影响和控制。换言之,欺诈组更低的接近中心度表明该用户到其他用户的距离较短,则该用户的影响力可能较大。也就是说,虽然欺诈组用户在众包平台社会网络中与其他用户的互动联系不多,且范围不广,但是其所有联系的距离很近,也就是直接联系多,而间接联系少。可以看出,具有欺诈意图的发起方可能具有目的性强而社交网络窄的特性。不仅如此,欺诈用户与非欺诈用户节点的凝聚性(聚类系数)也显著不同。欺诈组与非欺诈组用户节点的聚类系数具有显著差别,且欺诈组用户的聚类系数均为0,这意味着具有欺诈意图的用户节点的相邻节点间是没有联系的,也就是在众包竞赛的环境中,具有欺诈意图的用户往往并没有处于一个较为紧密的群体之中,这与其他类别的欺诈检测,如虚假评论和犯罪网络的检测研究结论相反(Chen et al., 2004; Luca et al., 2016)。总的来说,具有欺诈意图的用户与其他用户连接非常少,在网络中独立,与中心性探查结果一致,再次证实了众包竞赛环境下,发起方的欺诈意图产生的针对性和执行力强,目前的平台管理机制对发起方束缚作用不大。同时,与其他类别的线上欺诈不同,发起方并不需要有意建立关系网络或吸引用户而帮助其完成欺诈行为,仅凭其自身,就能有效获取工作者的知识成果,并且不用付出任何奖励。另外,欺诈节点和欺诈节点之间的欧氏距离以及欺诈节点和非欺诈节点之间的欧氏距离存在显著差异,即欺诈节点与非欺诈节点具有不同的网络位置。欺诈性样本与非欺诈性样本具有不同的网络位置,存在显著的结构差异。欺诈与非欺诈组节点的距离较大,相似度不高,同时欺诈与欺诈组节点的距离较小,相似度高,因此,具有相似网络结构的众包发起方,可能拥有相似的欺诈意图产生可能性。综上所述,在众包平台的社会网络中,具有欺诈意图的发起方确实有特殊的网络特征与位置,而通过挖掘欺诈节点的结构作为欺诈群体的特征值,则证实具有相似网络特征与位置的众包发起方具有相似的欺诈意图产生可能性。最终,经过检验的具有显著差异的社会网络的相关特征指标,被加入输入-处理-输出(I-P-O)框架的输入阶段模型中,结果证实,社会网络的相关特征显著提高了随机森林模型的性能，的确有助于欺诈检测效果的提升。

综上所述，本书首先提出了一个基于多源数据结构的时序性智能化欺诈检测框架，通过对众包竞赛项目全过程的自动跟踪和监控，实现对风险因素的全程控制和预警。具体而言，数据来源包括平台文本数据、用户信息与行为数据、用户关系网络数据。其次，利用自然语言处理技术与量化方法，从平台的结构化与非结构化数据信息中提取语言与非语言线索即一元特征，并利用社会网络分析方法从用户关系网络中提取社会网络指标即二元特征。再次，在项目进行的不同阶段，根据特征产生的时间顺序提取该阶段的有效特征，并输入训练后的随机森林模型。最后，在风险预警监控界面得到所有项目的预测风险概率。众包竞赛时序性智能化欺诈检测框架如图6.1所示。

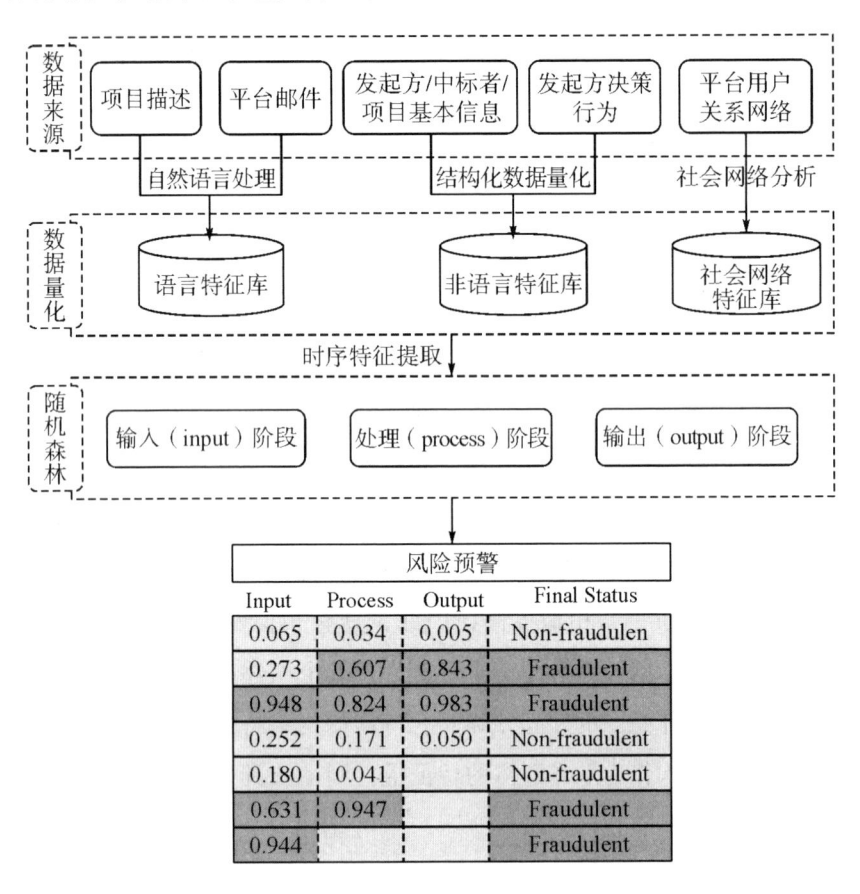

图6.1 众包竞赛时序性智能化欺诈检测框架

6.2　管理建议

在众包竞赛的模式下，具有道德风险和机会主义行为的恶意发起方有充分的机会和方式来盗用解决方案，而不奖励工作者。众包竞赛在保证需求方利益的同时，也使参与其中的知识型人才（工作者）产生过度竞争。由于收入的不确定性以及约束发起方欺诈行为的平台规则不尽如人意，工作者不愿投入大量时间和精力进行高水平的创新，企业也不愿投入太多的资金用于奖励。因此，高层次的工作者逐渐离开市场，这将导致众包成为一个低层次的人才进行低水平创新的市场，即"柠檬市场"。成为"柠檬市场"的众包，可能面临用户参与度逐步降低，并最终失败。

因此，本书以众包发起方欺诈行为为研究对象，不仅是对大众阶层创造创新力量的重视，而且是解决大众在价值创造过程中工作积极性被挫伤问题的有效途径。通过智能化的欺诈检测方案，构建合理的自动检测机制，使欺诈项目即时停止，有助于缓解用户对于知识成果安全、奖励分配和评价程序公平的担忧，可以激励工作者提供高质量的创意。对于潜在的工作者来说，减少在欺诈项目中的损失，有利于提高优秀众包工作者的中标率，激发和保持他们持续参与众包项目的热情，维持和增强众包平台多样化创新源。同时，合规发起方的项目将受到更多关注，并得到更多高质量的解决方案。通过对众包竞赛的自动跟踪和监控，提前预防和控制风险，并给出预警，从而减少信息过载和争议处理成本，是实现众包网络治理，降低众包欺诈风险，保持众包模式与开放式创新持续、健康发展的重要一环，同时也是众包平台获得多样化创新源、持续发展的动力，有助于更好地构建公平且完善的平台环境。具体而言，针对平台的管理政策，本书提出以下建议：

（1）众包平台应该注重双边市场的培养。一方面众包平台可以适当地开展相应的营销活动，吸引发起方企业采用众包模式解决问题，同时，要规范发起方的行为，尽量避免不良行为的发生，特别是欺诈、窃取工作者劳动成果、恶意拖欠任务奖金等行为，为众包竞赛创造一个健康的运行环境。另一方面，众包平台必须努力吸引大量的大众群体参与其中，并运用多种激励措施以及完善知识成果保护机制，鼓励高质量人才资源持续在众包平台上提供服务，储备足够的人才资源库，因为充足的人才储备是快速解答各种任务难题的保证，有助于形成核心资源能力，为企业创造价值。从而，有效扩大众包平台的规模，保障开放式创新的良性发展，达到平台的持续盈利和运营。

（2）众包平台应该更好地保护众包发起方和工作者双方的利益，完善各项保障机制。发起方对众包平台的信任是其采纳众包模式的重要影响因素，而大众工作者对众包平台的信任也是影响其参与意愿的重要因素。注重知识成果交易过程中对知识成果的保护是至关重要的。

（3）众包平台应该加强发起方和工作者之间的有效沟通机制，鼓励双方的有效沟通，从而提高工作者提供解决方案的质量。更加顺畅、便捷的沟通工具不仅有助于众包效率的提升，也会提高平台的服务质量，增加用户黏性。

6.3 不足与展望

本书的自动化欺诈检测模型，不仅能在欺诈行为发生后进行准确判断，还能在发起方具有欺诈意图的前期进行预测。自动化欺诈检测的应用减少了互联网创新平台的运营成本，完善了平台的管理机制，增强了创新工作者的信任度与参与度，促进了互联网创新平台的发展，有助于开放式创新形式的进一步丰富，为参与创新的企业、个人提供了可靠的保障。本书的研究虽然比较具有创新性和原始性，但受限于技术手段和学术能力，本书的研究具有诸多不足和需要改进之处，主要包括以下四点：

（1）本书样本局限于一个国内的众包网站，可能会限制结果的适用性，希望之后可以从国内外多种众包竞赛市场收集更多数据，以进一步测试本书提出的模型。同时，欺诈样本的确认是来自平台公告板公开处罚的项目，然而根据工作者的反馈情况，还有大量疑似项目并未得到平台回应，这与平台人工核实与处理能力有限相关，但也导致本书的欺诈样本不够全面。如果本书在数据预处理时，重新核实与筛选欺诈样本，增加模型的学习样本，应该能够进一步提高模型的预测能力。

（2）本书在进行平台用户动态网络的构建时，虽然采用了3个月的滑动窗口来进行动态更新，但是社会网络的关系强度应该是一个逐渐衰减的过程。因此，如果能够采用衰减函数，而不是一个准确的时间区间进行关系强度的度量，最终的指标计算将会更加准确。

（3）本书基于众包平台上的众包竞赛中的欺诈风险问题展开研究，模型的泛化能力有限，未来可以针对其他开放式创新互联网平台（如众筹、协同合作社区）用户的恶意行为进行模型优化，帮助其他开放式创新平台更好地为创新参与者服务，同时促进开放式创新市场更好地发展。

（4）本书所提出的风险预警系统功能过于单一，未来的研究中，如果能够结合平台信用评估机制以及推荐机制，将用户的反馈与行为检测相融合，不仅能够便于平台的管理，还能更为直观地为平台所有用户展现潜在合作者的信誉评分，同时为更多高信誉、高可靠性的用户提供更好的服务，提升用户体验度，进而最大限度地保留创新人才，助力开放式创新市场持续发展。

参考文献

边燕杰, 2012. 社会网络与地位获得 [M]. 北京: 社会科学文献出版社.

陈沁歆, 2018. 信用卡欺诈行为识别中的机器学习方法: 比较研究 [J]. 中国高新科技 (24): 66-70.

陈云, 石松, 潘彦, 等, 2016. 基于SVM混合集成的信用风险评估模型 [J]. 计算机工程与应用 (4): 115-120.

陈云, 杨晓雪, 2017. 基于新闻文本的上市公司财务困境组合预测模型简 [J]. 计算机应用研究 (6): 1663-1667.

高锐, 郝碧波, 李琳, 等, 2013. 中文语言心理分析软件系统的建立 [A]. 心理学与创新能力提升: 全国心理学学术会议.

郝琳娜, 侯文华, 刘猛, 2014. 众包竞赛模式下企业R&D创新水平策略博弈分析 [J]. 科研管理 (4): 111-120.

侯文华, 郑海超, 2012. 众包竞赛: 一把开启集体智慧的钥匙 [M]. 北京: 科学出版社.

黄金兰, CHUNG C K, HUI N, 等, 2012. 中文版「语文探索与字词计算」词典之建立 [J]. 中华心理学刊, 54 (2): 185-201.

郎宇洁, 2012. 基于长尾理论面向"众包"的信息服务模式研究 [J]. 情报科学, 30 (10): 1545-1549.

李龙一, 王琼, 2014. 众包模式用户参与影响因素分析: 基于社会交换理论的实证研究 [J]. 现代情报, 34 (5): 17-23.

李燕, 2009. 威客在线工作平台满意度实证研究 [J]. 电子商务 (3): 68-71.

刘军，2004. 社会网络分析导论［M］. 北京：社会科学文献出版社.

陆丹，2013. 互联网时代下众包风险的识别与规避［J］. 物流工程与管理，35（4）：4.

马林岭，2018. 基于社会网络分析的网络口碑传播研究：以旅游类微博为例［J］. 图书情报工作，62（S1）：101-108.

朴春慧，韩旭芳，杨春燕，2009. 基于Web2.0的威客电子商务作弊处理机制研究［J］. 情报杂志（10）：124-128.

任志安，毕玲，2007. 网络关系与知识共享：社会网络视角分析［J］. 情报杂志，26（1）：75-78.

谭晶，2019. 基于社会网络下文本挖掘的精准营销分析［J］. 现代信息科技，3（1）：22-23.

汪来喜，丁日佳，王源昌，2007. 众包：企业创新民主化的方法［J］. 区域经济评论，4（4）：70-70.

王陆，2009. 虚拟学习社区的社会网络分析［J］. 中国电化教育（2）：5-11.

姚越越，刘仁伟，孙月真，2018. 基于视频热度分析的广播通信混合架构［J］. 信息技术（6）：76-78.

张存刚，李明，陆德梅，2004. 社会网络分析：一种重要的社会学研究方法［J］. 甘肃社会科学（2）：109-111.

赵红艳，2013. 基于社会网络分析法的网络媒介权力生成路径研究［J］. 学术交流（2）：215-219.

郑登攀，党兴华，2010. 基于社会网络分析的技术创新网络中创新主体中心性测量研究：对波纳西茨中心度的改进［J］. 系统管理学报，19（4）：415-419.

郑海超，侯文华，2011. 网上创新竞争中解答者对发布者的信任问题研究［J］. 管理学报，8（2）：233.

仲秋雁，王彦杰，裘江南，2011. 众包社区用户持续参与行为实证研究［J］. 大连理工大学学报（社会科学版）（1）：5-10.

AFUAH A, TUCCI C L, 2012. Crowdsourcing as a solution to distant search [J]. Academy of Management Review, 37 (3): 355-375.

AHN Y Y, HAN S, KWAK H, et al., 2007. Analysis of topological characteristics of huge online social networking services [P]. Paper Presented at the 16th International World Wide Web Conference.

AKERLOF G A, 1978. The market for "lemons": Quality uncertainty and the market mechanism [J]. Uncertainty in Economics, 84 (3): 235, 237-251.

ALKHATEEB Z K, MAOLOOD A T, 2019. Machine learning-based detection of credit card fraud: A comparative study [J]. American Journal of Engineering Applied Sciences, 12 (4): 535-542.

AMROLLAHI A, 2016. A process model for crowdsourcing: Insights from the literature on implementation [J]. Paper Presented at the Australasian Conference on Information Systems: 1-12.

ANDER GOMEZ J, AREVALO J, PAREDES R, et al., 2017. End-to-end neural network architecture for fraud scoring in card payments [J]. Pattern Recognition Letters, 105 (APR. 1): 175-181.

ARROW K, 1972. Economic welfare and the allocation of resources for invention [J]. Journal of Law Economics, 12: 609-626.

AYABURI E W, LEE J, MAASBERG M, 2019. Understanding crowdsourcing contest fitness strategic decision factors and performance: An expectation-confirmation theory perspective [J]. Information Systems Frontiers (2): 1227-1240.

BARABASI A L, ALBERT R, 1999. Emergence of scaling in random networks [J]. Science, 286 (5439): 509-512.

BAYUS B L, 2013. Crowdsourcing new product ideas over time: An analysis of the dell ideastorm community [J]. Management Science, 59 (1): 226-244.

BERNSTEIN M S, BRANDT J, MILLER R C, et al., 2011. Crowds in two seconds: Enabling realtime crowd-powered interfaces [C]. Paper Presented at the Proceedings of the 24th Annual ACM Symposium on User Interface Software and Technology, Santa Barbara, CA, USA, October 16-19.

BIROS D P, GEORGE J F, ZMUD R W, 2002. Inducing sensitivity to deception in order to improve decision making performance: A field study [J]. MIS Quarterly, 26 (2): 119-144.

BLOHM I, BRETSCHNEIDER U, LEIMEISTER J M, et al., 2011. Does collaboration among participants lead to better ideas in IT-based idea competitions? An empirical investigation [J]. International Journal of Networking & Virtual Organisations, 9 (2): 106-122.

BOCKSTEDT J, DRUEHL C, MISHRA A, 2015. Problem-solving effort and success in innovation contests: The role of national wealth and national culture [J]. Journal of Operations Management, 36 (May): 187-200.

BODAGHI A, TEIMOURPOUR B, 2018. Automobile insurance fraud detection using social network analysis [J]. Applications of Data Management and Analysis: 11-16.

BORGATTI S P, EVERETT M G, FREEMAN L C, 2002. Ucinet for windows: Software for social network analysis [J]. Harvard, MA: Analytic Technologies: 6.

BOUDREAU K J, LAKHANI K R, 2013. Using the crowd as an innovation partner [J]. Harvard Business Review, 91 (4): 60-69, 140.

BRABHAM D C, 2010. Moving the crowd at threadless [J]. Information Communication Society, Communication & Society (8): 1122-1145.

BRADLEY A P, 1997. The use of the area under the ROC curve in the evaluation of machine learning algorithms [J]. Pattern Recognition, 30 (7): 1145-1159.

BREIMAN L, 2001. Random forests [J]. Machine Learning, 45 (1): 5-32.

BRETSCHNEIDER U, KNAUB K, WIECK E, 2014. Motivations for crowdfunding: what drives the crowd to invest in start-ups? [C] // European Conference on Information Systems.

BROWN I, MUES C, 2012. An experimental comparison of classification algorithms for imbalanced credit scoring data sets [J]. Expert Systems with Applications, 39 (3): 3446-3453.

BULLER D B, BURGOON J K, 1996. Interpersonal deception theory [J]. Communication Theory, 6 (3): 203-242.

BURT R S, 1987. Social contagion and innovation: Cohesion versus structural equivalence [J]. American Journal of Sociology, 92 (6): 1287-1335.

CALLAWAY D S, NEWMAN M E J, STROGATZ S H, et al., 2000. Network robustness and fragility: Percolation on random graphs [J]. Physical Review Letters, 85 (25): 5468.

CHANDLER D, KAPELNER A, 2013. Breaking monotony with meaning: Motivation in crowdsourcing markets [J]. Journal of Economic Behavior Organization, 90: 123-133.

CHANG L, OUZROUT Y, NONGAILLARD A, et al., 2013. The reputation evaluation based on optimized hidden markov model in e-commerce [J]. Mathematical Problems in Engineering, 1437-1450.

CHEN B, ZHAO Q, SUN B, et al., 2007. Predicting blogging behavior using temporal and social networks [C]. Paper Presented at the Seventh IEEE International Conference on Data Mining (ICDM).

CHEN H, CHUNG W, XU J J, et al., 2004. Crime data mining: A general framework and some examples [J]. Computer, 37 (4): 50-56.

CHENGWEI L, YIXIANG C, HASNAIN A K S, et al., 2015. Financial fraud detection model: Based on random forest [J]. International Journal of Economics Finance, 7 (7): 178-188.

CHIU C, KU Y, LIE T, et al., 2011. Internet auction fraud detection using social network analysis and classification tree approaches [J]. International Journal of Electronic Commerce, 15 (3): 123-147.

CHOPRA A, BHILARE P, 2018. Application of ensemble models in credit scoring models [J]. Business Perspectives Research Policy, 6 (2): 129-141.

CORTES C, VAPNIK V, 1995. Support-vector networks [J]. Machine Learning, 20 (3): 273-297.

COVER T, HART P, 2003. Nearest neighbor pattern classification [J]. IEEE Transactions on Information Theory, 13 (1): 21-27.

CRANDALL D, COSLEY D, HUTTENLOCHER D, et al., 2008. Feedback effects between similarity and social influence in online communities [C]. Paper Presented at the Proceedings of the 14th ACM SIGKDD International Conference on Knowledge Discovery and Data Mining.

DENG X N, JOSHI K D, 2016. Why individuals participate in micro-task crowdsourcing work environment: Revealing crowdworkers' perceptions [J]. Journal of the Association for Information Systems, 17 (10): 648.

DEPAULO B M, LINDSAY J J, MALONE B E, et al., 2003. Cues to deception [J]. Psychological Bulletin, 129 (1): 74-118.

DJELASSI S, DECOOPMAN I, 2013. Customers' participation in product development through crowdsourcing: Issues and implications [J]. Industrial Marketing Management, 42 (5): 683-692.

EICKHOFF C, DE VRIES A P, 2013. Increasing cheat robustness of crowdsourcing tasks [J]. Information Retrieval, 16 (2): 121-137.

EKIN T, 2013. Application of bayesian methods in detection of healthcare fraud [J]. Chemical Engineering Transactions: 33.

EKMAN P, FRIESEN W V, 1969. Nonverbal leakage and clues to deception [J]. Psychiatry-interpersonal & Biological Processes, 32 (1): 88-106.

ESTELLÉS-AROLAS E, GONZÁLEZ-LADRÓN-DE-GUEVARA F,

2012. Towards an integrated crowdsourcing definition [J]. Journal of Information Science, 38 (2): 189-200.

EVERITT B S, 1992. The analysis of contingency tables [M]. London: Chapman & Hall.

FELIN T, ZENGER T R, 2014. Closed or open innovation? Problem solving and the governance choice [J]. Research Policy, 43 (5): 914-925.

FELLER J, FINNEGAN P, HAYES J, et al., 2012. 'Orchestrating' sustainable crowdsourcing: A characterisation of solver brokerages [J]. The Journal of Strategic Information Systems, 21 (3): 216-232.

FIOL C M, 1995. Corporate communications: Comparing executives' private and public statements [J]. Academy of Management Journal, 38 (2): 522-536.

FREEMAN L C, 1979. Centrality in social networks' conceptual clarification [J]. Social Networks, 1 (3): 215-239.

FREEMAN L C, ROEDER D, MULHOLLAND R R, 1979. Centrality in social networks: ii. experimental results [J]. Social Networks, 2 (2): 119-141.

FRIEDER L, ZITTRAIN J L, 2007. Spam works: Evidence from stock touts and corresponding market activity [J]. Social Science Electronic Publishing, 30: 479.

FUGER S, SCHIMPF R, FÜLLER J, et al., 2017. User roles and team structures in a crowdsourcing community for international development-a social network perspective [J]. Information Technology for Development, 23 (2): 1-25.

FULLER C M, BIROS D P, DELEN D, 2011. An investigation of data and text mining methods for real world deception detection [J]. Expert Systems with Applications, 38 (7): 8392-8398.

GEIGER D, SCHADER M, 2014. Personalized task recommendation in crowdsourcing information systems—current state of the art [J]. Decision Support Systems, 65, 3-16.

GHEZZI A, GABELLONI D, MARTINI A, et al., 2018. Crowdsourcing: A review and suggestions for future research [J]. International Journal of Management Reviews, 20 (2): 343-363.

GOEL S, WILLIAMS K, DINCELLI E, 2017. Got phished? Internet security and human vulnerability [J]. Journal of the Association for Information Systems, 18 (1): 2.

GOFFMAN E, 1979. Frame analysis: An essay on the organization of experience [J]. Contemporary Sociology, 4 (6): 1093-1094.

GRANOVETTER M S, 1977. The strength of weak ties [J]. American Journal of Sociology, 78 (6): 1360-1380.

HANCOCK J T, BIRNHOLTZ J P, BAZAROVA N N, et al., 2009. Butler lies: awareness, deception and design [C]. Paper Presented at the Proceedings of the 27th International Conference on Human Factors in Computing Systems.

HANCOCK J T, CURRY L E, GOORHA S, et al., 2007. On lying and being lied to: A linguistic analysis of deception in computer-mediated communication [J]. Discourse Processes, 45 (1): 1-23.

HARHOFF D, HENKEL J, VON HIPPEL E, 2003. Profiting from voluntary information spillovers: how users benefit by freely revealing their innovations [J]. Research Policy, 32 (10): 1753-1769.

HEIMERL K, GAWALT B, CHEN K, et al., 2012. CommunitySourcing: engaging local crowds to perform expert work via physical kiosks [C]. Paper Presented at the Proceedings of the SIGCHI Conference on Human Factors in Computing Systems.

HIRTH M, HOßFELD T, TRAN-GIA P, 2011. Anatomy of a crowdsourcing platform-using the example of microworkers. com [C]. Paper Presented at the 2011 Fifth International Conference on Innovative Mobile and Internet Services in Ubiquitous Computing.

HO S M, HANCOCK J T, BOOTH C, et al., 2016. Computer-mediated deception: Strategies revealed by language-action cues in spontaneous communication [J]. Journal of Management Information Systems, 33 (2): 393-420.

HOSSAIN M, 2012. Users' motivation to participate in online crowdsourcing platforms [C]. Paper Presented at the 2012 International Conference on Innovation Management and Technology Research.

HOWE J, 2006. The rise of crowdsourcing [J]. Wired Magazine, 14 (6): 1-4.

HUANG S Y, 2013. Fraud detection model by using support vector machine techniques [J]. International Journal of Digital Content Technology and Its Applications, 7 (2): 32.

HUMPHERYS S L, MOFFITT K C, BURNS M B, et al., 2011. Identification of fraudulent financial statements using linguistic credibility analysis [J]. Decision Support Systems, 50 (3): 585-594.

HUTCHINS C E, BENHAM-HUTCHINS M, 2010. Hiding in plain sight: criminal network analysis [J]. Computational Mathematical Organization Theory, 16 (1): 89-111.

JOHNSON P E, GRAZIOLI S, JAMAL K, 2004. Fraud detection: Intentionality and deception in cognition [J]. Accounting Organizations Society, 18 (5): 467-488.

JOHNSON P E, GRAZIOLI S, JAMAL K, et al., 2001. Detecting deception: Adversarial problem solving in a low base-rate world [J]. Cognitive Science a Multidisciplinary Journal, 25 (3): 355-392.

KAHN J H, TOBIN R M, ANDERSON M J A, 2007. Measuring emotional expression with the linguistic inquiry and word count [J]. American Journal of Psychology, 120 (2): 263-286.

KOCH G, HUTTER K, DECARLI P, et al., 2013. Identifying

participants' roles in open government platforms and its impact on community growth [C]. Paper Presented at the System Sciences (HICSS): 2013 46th Hawaii International Conference on System Sciences.

KOTSIANTIS S B, 2007. Supervised machine learning: A review of classification techniques [J]. Informatica, 31 (3): 249-268.

KRATZER J, LETTL C, FRANKE N, et al., 2016. The social network position of lead users [J]. Journal of Product Innovation Management, 33 (2): 201-216.

KU Y, CHEN Y, CHIU C, 2007. A proposed data mining approach for internet auction fraud detection [C]. Paper Presented at the Pacific-Asia Workshop on Intelligence and Security Informatics.

KURUP A R, SAJEEV G P, 2020. A task recommendation scheme for crowdsourcing based on expertise estimation [J]. Electronic Commerce Research Applications: 41.

KWAK H, LEE C, PARK H, et al., 2010. What is Twitter, a social network or a news media? [C]. Paper Presented at the Proc International Conference on World Wide Web.

LACETERA N, BOUDREAU K J, LAKHANI K R, 2011. Incentives and problem uncertainty in innovation contests: An empirical analysis [J]. Management Science, 57 (5): 843-863.

LAKHANI K R, PANETTA J A, 2007. The principles of distributed innovation [J]. Innovations Technology Governance Globalization, 2 (3): 97-112.

LE J, EDMONDS A, HESTER V, et al., 2010. Ensuring quality in crowdsourced search relevance evaluation [C]. Paper Presented at the SIGIR Workshop on Crowdsourcing for Search Evaluation.

LE Q, PANCHAL J H, 2011. Modeling the effect of product architecture on mass-collaborative processes [J]. Journal of Computing Information Science in Engineering, 11 (1): (11003) 1-12.

LEVENE H, 1961. Robust tests for equality of variances [J]. Contributions to Probability Statistics. Essays in Honor of Harold Hotelling: 279-292.

LIU W, SIDHU A, BEACOM A M, et al., 2017. Social network theory [M]. New York: John Wiley & Sons.

LORRAIN F, WHITE H C, 1977. Structural equivalence of individuals in social networks [J]. Social Networks, 1 (1): 67-98.

LU Y, SINGH P V, SUN B, 2017. Is core-periphery network good for knowledge sharing? A structural model of endogenous network formation on a crowdsourced customer support forum [J]. Ssrn Electronic Journal, 41 (2): 607-628.

LUCA M, ZERVAS G, 2016. Fake it till you make it: Reputation, competition, and Yelp review fraud [J]. Management Science: Journal of the Institute for Operations Research and the Management Sciences, 62 (12): 3412-3427.

MADHAVAN M V, PANDE S, UMEKAR P, et al., 2021. Comparative analysis of detection of email spam with the aid of machine learning approaches [C]. Paper Presented at the IOP Conference Series: Materials Science and Engineering.

MAHR D, RINDFLEISCH A, SLOTEGRAAF R J, 2015. Enhancing crowdsourcing success: the role of creative and deliberate problem-solving styles [J]. Customer Needs & Solutions, 2 (3): 1-13.

MAIA M, ALMEIDA J, ALMEIDA V, 2008. Identifying user behavior in online social networks [C]. Paper Presented at the Proceedings of the 1st Workshop on Social Network Systems.

MASSANARI A L, 2012. DIY design: How crowdsourcing sites are challenging traditional graphic design practice [J]. First Monday, 17 (10).

MCCORNACK S A, 1992. Information manipulation theory [J]. Communication Monographs, 59 (1): 1-16.

MCCORNACK S A, LEVINE T R, SOLOWCZUK K A, et al., 1992. When the alteration of information is viewed as deception: An empirical test of information manipulation theory [J]. Communication Monographs, 59 (1): 17-29.

MCGLOHON M, BAY S, ANDERLE M G, et al., 2009. Snare: a link analytic system for graph labeling and risk detection [C]. Paper Presented at the Proceedings of the 15th ACM SIGKDD International Conference on Knowledge Discovery and Data Mining.

MISLOVE A, MARCON M, GUMMADI P K, et al., 2007. Measurement and analysis of online social networks [C]. Paper Presented at the Proceedings of the 7th ACM SIGCOMM Conference on Internet Measurement 2007, San Diego, California, USA, October 24-26.

MIZRUCHI M S, 1994. Social network analysis: Recent achievements and current controversies [J]. Acta Sociologica, 37 (4): 329-343.

MORZY M, 2008. New algorithms for mining the reputation of participants of online auctions [J]. Algorithmica, 52 (1): 95-112.

MUHDI L, BOUTELLIER R, 2011. Motivational factors affecting participation and contribution of members in two different Swiss innovation communities [J]. International Journal of Innovation Management, 15 (3): 543-562.

MUTTON P, 2004. Inferring and visualizing social networks on internet relay chat [C]. Paper Presented at the Proceedings. Eighth International Conference on Information Visualisation.

NATALICCHIO A, MESSENI PETRUZZELLI A, GARAVELLI A C, 2014. A literature review on markets for ideas: Emerging characteristics and unanswered questions [J]. Technovation, 34 (2): 65-76.

NEWMAN M E J, GIRVAN M, 2004. Finding and evaluating community structure in networks [J]. Physical Reviewe, 69 (2): 026113-0.

NEWMAN M L, PENNEBAKER J W, BERRY D S, et al., 2003. Lying words: Depicting deception from linguistic styles [J]. Personality and Social Psychology Bulletin, 29 (5): 665-675.

OLESON D, SOROKIN A, LAUGHLIN G, et al., 2011. Programmatic gold: Targeted and scalable quality assurance in crowdsourcing [C]. Paper Presented at the Aaai Conference on Human Computation.

PAK J, ZHOU L, 2014. Social structural behavior of deception in computer-mediated communication [J]. Decision Support Systems, 63: 95-103.

PANG J G, 2015. The risk management mechanism of crowdsourcing community innovation [J]. China Soft Science, 2: 19.

PEE L G, KOH E, GOH M, 2018. Trait motivations of crowdsourcing and task choice: A distal-proximal perspective [J]. International Journal of Information Management, 40 (JUN.): 28-41.

PENG Y, ZHANG L, GUAN Y, 2009. Detecting fraud in internet auction systems [C]. Paper Presented at the IFIP International Conference on Digital Forensics.

POETZ M K, SCHREIER M, 2012. The value of crowdsourcing: Can users really compete with professionals in generating new product ideas? [J]. Journal of Product Innovation Management, 29 (2): 245-256.

RAWTE V, ANURADHA G, 2015. Fraud detection in health insurance using data mining techniques [C]. Paper Presented at the International Conference on Communication.

SAHIN Y, BULKAN S, DUMAN E, 2013. A cost-sensitive decision tree approach for fraud detection [J]. Expert Systems with Applications, 40 (15): 5916-5923.

SCOTT J, 1988. Social network analysis [J]. Sociology, 22 (1): 109-127.

SHMUELI G, KOPPIUS O R, 2011. Predictive analytics in information systems research [J]. MIS Quarterly: 553-572.

SIERING M, KOCH J A, DEOKAR A V, 2016. Detecting fraudulent behavior on crowdfunding platforms: The role of linguistic and content-based cues in static and dynamic contexts [J]. Social Science Electronic Publishing, 33 (2): 421-455.

SINGER Y, MITTAL M, 2013. Pricing mechanisms for crowdsourcing markets [C]. Paper Presented at the Proceedings of the 22nd International Conference on World Wide Web.

SON J, SADACHAR A, MANCHIRAJU S, et al., 2012. Consumer adoption of online collaborative customer co-design [J]. Journal of Research in Interactive Marketing, 6 (3): 180-197.

SUNDAY, OLUSANYA, OLATUNJI, 2019. Improved email spam detection model based on support vector machines [J]. Neural Computing Applications, 31 (3): 691-699.

TANNA P, GHODASARA Y, 2013. Exploring the pattern of customer purchase with web usage mining [C]. Advances in Intelligent Systems Computing.

TAUSCZIK Y R, PENNEBAKER J W, 2010. The psychological meaning of words: LIWC and computerized text analysis methods [J]. Journal of Language and Social Psychology, 29 (1): 24.

TAYLOR J, JOSHI K D, 2019. Joining the crowd: The career anchors of information technology workers participating in crowdsourcing [J]. Information Systems Journal, 29 (3): 641-673.

TERWIESCH C, XU Y, 2008. Innovation contests, open innovation, and multiagent problem solving [J]. Management Science, 54 (9): 1529-1543.

THUAN N H, ANTUNES P, JOHNSTONE D, et al., 2015. Building an enterprise ontology of business process crowdsourcing: A design science approach [C]. Paper Presented at the PACIS.

TOKARCHUK O, CUEL R, ZAMARIAN M, 2012. Analyzing crowd labor and designing incentives for humans in the loop [J]. IEEE Internet Computing,

16 (5): 45-51.

TRACY, XIAO, LIU, et al., 2012. Crowdsourcing with all-pay auctions: A field experiment on Taskcn [J]. Management Science, 48 (1): 1-4.

TROMPETTE P, CHANAL V, PELISSIER C, 2008. Crowdsourcing as a way to access external knowledge for innovation [C]. Paper Presented at the 24 th EGOS Colloquium.

TUNG W F, JORDANN G, 2017. Crowdsourcing social network service for social enterprise innovation [J]. Information Systems Frontiers, 19 (6): 1-17.

VAN CAPELLEVEEN G, POEL M, MUELLER R M, et al., 2016. Outlier detection in healthcare fraud: A case study in the Medicaid dental domain [J]. International Journal of Accounting Information Systems, 21: 18-31.

WANG J C, CHIU C C, 2008. Recommending trusted online auction sellers using social network analysis [J]. Expert Systems with Applications, 34 (3): 1666-1679.

WANG J C, CHIU C, 2005. Detecting online auction inflated-reputation behaviors using social network analysis [C]. Paper Presented at the Annual Conference of the North American Association for Computational Social and Organizational Science (NAACSOS).

WANG K, NICKERSON J, SAKAMOTO Y, 2018. Crowdsourced idea generation: The effect of exposure to an original idea [J]. Creativity and Innovation Management, 27 (2): 196-208.

WATTS D J, STROGATZ S H, 1998. Collective dynamics of small world networks [J]. Nature, 393 (6684): 440-442.

WELLMAN B, WORTLEY S, 1990. Different strokes from different folks: Community Ties and Social Support [J]. American Journal of Sociology, 96 (3): 558.

YAGER R R, 1987. On the Dempster-Shafer framework and new combination rules [J]. Information Sciences, 41 (2): 93-137.

YANCHUN Z, WEI Z, CHANGHAI Y, 2011. Detection of feedback reputation fraud in taobao using social network theory [C]. Paper Presented at the 2011 International Joint Conference on Service Sciences.

YANG C C, SAGEMAN M, 2009. Analysis of terrorist social networks with fractal views [J]. Journal of Information Science, 35 (3): 299-320.

YANG J, COUNTS S, 2010. Predicting the speed, scale, and range of information diffusion in Twitter [C]. Paper Presented at the Proceedings of the Fourth International Conference on Weblogs and Social Media, ICWSM 2010, Washington, DC, USA, May 23-26.

YANG Y, CHEN P, BANKER R, 2011. Winner determination of open innovation contests in online markets [C]. Paper Presented at the ICIS 2011 Proceedings.

YANG Y, CHEN P Y, PAVLOU P A, 2009. Open innovation: An empirical study of online contests [C]. Paper Presented at the Proceedings of the International Conference on Information Systems, ICIS 2009, Phoenix, Arizona, USA, December 15-18.

ZAHEDI F M, ABBASI A, CHEN Y, 2015. Fake-website detection tools: Identifying elements that promote individuals' use and enhance their performance [J]. Journal of the Association for Information Systems, 16 (6): 448-484.

ZEJDA D, 2010. From subjective trust to objective trustworthiness in online social networks: Overview and challenges [J]. Journal of Systems Integration, 1 (1-2): 16-22.

ZHANG D, ZHOU L, KEHOE J L, et al., 2016. What online reviewer behaviors really matter? Effects of verbal and nonverbal behaviors on detection of fake online reviews [J]. Journal of Management Information Systems, 33 (2): 456-481.

ZHANG X, WANG C, 2012. Network positions and contributions to online public goods: The case of Chinese Wikipedia [J]. Journal of Management Information Systems, 29 (2): 11-40.

ZHENG H, LI D, HOU W, 2011. Task design, motivation, and participation in crowdsourcing contests [J]. International Journal of Electronic Commerce, 15 (4): 57-88.

ZHONG W, LIN L, 2015. Optimal fee structures of crowdsourcing platforms [J]. Decision Sciences, 47 (5): 820-850.

ZHOU L, BURGOON J K, NUNAMAKER J F, et al., 2004a. Automating linguistics-based cues for detecting deception in text-based asynchronous computer-mediated communications [J]. Group Decision Negotiation, 13 (1): 81-106.

ZHOU L, BURGOON J K, TWITCHELL D P, et al., 2004b. A comparison of classification methods for predicting deception in computer-mediated communication [J]. Journal of Management Information Systems, 20 (4): 139-166.

ZHOU L, ZHANG D, 2004. Can online behavior unveil deceivers?: An exploratory investigation of deception in instant messaging [C]. Paper Presented at the Hawaii International Conference on System Sciences.

ZHOU L, ZHANG D, 2008a. Following linguistic footprints: automatic deception detection in online communication [J]. Communications of the Acm, 51 (9): 119-122.

ZHOU L, ZHANG D, 2008b. Typing or messaging? Modality effect on deception detection in computer-mediated communication [J]. Decision Support Systems, 44 (1): 188-201.

ZHOU Y, GUAN X, ZHANG Z, et al., 2008. Predicting the tendency of topic discussion on the online social networks using a dynamic probability model [C]. Paper Presented at the Proceedings of the Hypertext 2008 Workshop on

Collaboration and Collective Intelligence.

ZUCKERMAN M, DEPAULO B M, ROSENTHAL R, 1981. Verbal and nonverbal communication of deception [J]. Advances in Experimental Social Psychology, 14, 1-59.